市场营销管理的创新研究

孙丽丽　王茜茜　刘　影◎著

吉林出版集团股份有限公司

图书在版编目（CIP）数据

市场营销管理的创新研究 / 孙丽丽, 王茜茜, 刘影
著. — 长春：吉林出版集团股份有限公司，2024.3
ISBN 978-7-5731-4683-0

Ⅰ. ①市… Ⅱ. ①孙… ②王… ③刘… Ⅲ. ①市场营
销学—研究 Ⅳ. ①F713.50

中国国家版本馆 CIP 数据核字（2024）第 059361 号

市场营销管理的创新研究
SHICHANG YINGXIAO GUANLI DE CHUANGXIN YANJIU

著　者	孙丽丽　王茜茜　刘　影
责任编辑	曲珊珊　赵利娟
封面设计	林　吉
开　本	787mm×1092mm　　1/16
字　数	178 千
印　张	11
版　次	2024 年 3 月第 1 版
印　次	2024 年 3 月第 1 次印刷
出版发行	吉林出版集团股份有限公司
电　话	总编办：010-63109269
	发行部：010-63109269
印　刷	廊坊市广阳区九洲印刷厂

ISBN 978-7-5731-4683-0　　　　　　　　　　　　　　定价：78.00 元

前　言

　　随着我国社会主义市场经济的不断推进和深化以及经济国际化的不断深入和拓展，市场营销学运用的领域和作用的空间正在不断扩大，得到国内越来越多的企业和非营利组织的重视和运用。市场营销学已经成为企业以及众多非营利组织生存与发展必不可少的理论源泉和实践指南。

　　市场营销理论体系自从建立以来，一直随着时代的发展而不断完善与创新，源于实践、高于实践是它的特点。本书在全面介绍传统市场营销学理论的基础上，突出了市场营销实践的新观念、新方法。本书从市场营销概述入手，介绍了市场营销与环境管理、营销市场调研管理、市场营销与产品策略管理、市场营销促销策略，以及市场营销新发展；接着重点分析了"短视频＋直播"价值共创视角下的文旅产业营销模式。本书在体现市场营销学的新理论、新观点的同时也提供了反映国内营销实践的新案例，这有助于学生加深理论理解，提高其解释现实、用理论指导实践的能力，有较高的教学实用价值和市场实用价值，故本书既可作为高等院校市场营销课程等相关课程的教材，也可作为企业主体参与市场活动的指南。

　　本书在撰写过程中借鉴了大量文献资料与前人的研究成果，在此一一表示感谢。但由于时间仓促，加之精力、水平有限，书中难免存在疏漏与不足之处，望专家、学者及广大读者批评指正。

孙丽丽　王茜茜　刘　影

2024 年 1 月

目　录

第一章　市场营销概述

第一节　市场与市场营销

现代营销之父，美国西北大学教授菲利普·科特勒（Philip Kotler）认为，营销（Marketing）是通过交换产品和价值，从而使个人或群体满足欲望和需要的社会和管理过程。[①]站在企业的角度，营销就是企业为了从顾客身上获得利益回报，创造顾客价值和建立牢固顾客关系的过程。美国市场营销协会（American Marketing Association，AMA）给营销下的定义是：市场营销是在创造、沟通、传播和交换产品中，为顾客、客户、合作伙伴以及整个社会带来价值的一系列活动、过程和体系。[②]

这些不同的定义都涉及需要、产品、价值、交换等相关的概念，要准确理解市场营销，必须先了解这些相关概念。

一、需要、欲望与需求

（一）需要

营销的基石是人类的需要（Need）。所谓需要，是指一种缺乏的感觉，

[①]　菲利普·科特勒，加里·阿姆斯特朗：《市场营销原理》，郭国庆等译，清华大学出版社 2007 年版。

[②]　邹新华：《价值营销》，企业管理出版社 2018 年版。

即基本的物质或精神方面没有得到满足的感受状态，包括对食物、衣服、安全等的基本物质需要；对归属感和情感的社会需要；对知识和自我实现等个人发展的需要。任何一种需要如果没有得到满足，人们就会不安、烦躁、紧张甚至痛苦。这些需要不是市场营销人员创造出来的，而是人类与生俱来的。任何营销组织或个人既不能创造也不能改变人的需要。

（二）欲望

欲望（Desire）是指获得用来满足需要的某种具体物品或服务的愿望。对于同样的需要，欲望受到社会经济、文化、个性等因素的影响而存在差异，如面对炎热的气候，人们有避暑降温的需要，但不同地区、年龄或阶层的人可能对扇子、游泳、空调或避暑旅游等有不同选择。市场营销人员无法创造需要，但可以影响欲望，并通过创造、开发和销售特定的产品或服务来满足欲望。

（三）需求

需求（Demand）是指人们具有支付能力并且愿意购买某种具体产品的欲望。当人们具有购买能力时，欲望便转化为需求。

消费者的需要和欲望可以通过产品或服务得到满足。产品或服务是市场营销的对象，是用于价值交换的东西。科特勒称之为营销供给物（Marketing Offer）。

二、产品与服务

在市场营销学中，产品特指任何能用以满足人们需要或欲望的东西，既包括汽车、房屋、衣服等有形物品，又包括电影、教育、旅游等无形物品。但习惯上，人们将有形物品称为产品，无形物品称为服务。服务也可以理解为向有需要的人提供的一种活动（如教师的教学或借助 CD 播放音乐作品）。

消费者购买产品或服务是为了满足需要或欲望，他们关心的是产品或服务所提供的利益，产品（服务）只是消费者用来解决问题的工具。营销者如果只注重产品本身，而忽视产品所能带来的利益，就会陷入困境。比如，钻头制造商可能认为用户需要的是钻头，但实际上，用户真正想要的是孔。当某种能够更好、更便宜地满足用户需要和欲望的新产品出现时，原产品制造商就会遇到麻烦，因为具有这种需要和欲望的用户将转向新产品。营销者的重要任务是分析用户的需要，向用户展示产品所能提供的利益，而不能仅强调产品的外观和质量。

顾客面对众多可以满足特定欲望的产品或服务时，将如何进行选择？顾客会根据自己对产品或服务的感知价值形成期望，并做出相应的购买决策。满意，顾客会重复购买，并且把自己对产品的满意体验告诉其他人。不满意，顾客则转向竞争产品，并向其他人批评这种产品。营销者必须谨慎地确定合适的预期水平：如果设定的预期水平过低，他们也许能让那些购买者满意但无法吸引更多的购买者；如果设定的预期水平过高，购买者很可能不满意。

三、顾客价值与顾客满意

顾客价值与顾客满意是发展与管理顾客关系过程中的关键因素。价值是顾客就某种产品或服务满足其需求的能力所做出的评价。顾客按照"价值最大化"的原则，从一系列的品牌和供应商中选择感知价值最高的产品。

顾客感知价值（Customer Perceived Value）是指顾客在对比了其他竞

争产品的基础上，对拥有和使用某种产品或服务的总利益与总成本进行衡量后的差额价值。例如，使用梅赛德斯－奔驰轿车的顾客，获得的主要利益回报是驾驶安全和品牌所带来的自豪感，以及其经久耐用的优势。顾客在做出购买决策之前，将权衡商品的价格，所付出的大量的精力、时间，以及所获得的利益回报，还要与其他品牌的轿车进行比较，最后做出选择。

需要指出的是，顾客并不能很精确地分析某种产品的价值与成本，而是根据他们的感知价值行事。比如，一直以来，美国联邦快递展现给顾客的利益是快速且可靠的速递服务，但联邦快递的服务真的更快、更可靠吗？即便如此，它的服务真的值那么高的价格吗？几乎没有顾客能准确回答这一问题。

顾客价值包含两个相关联的概念：总顾客价值与总顾客成本。

总顾客价值是指顾客期望从某一特定产品或服务中获得的一系列利益。总顾客价值包含四个方面的内容：①产品价值，即顾客购买和使用产品或服务时，可以得到的功能、可靠性、愉悦感等。②服务价值，即顾客可能得到的使用方法培训、安装、维护等服务。③人员价值，是指企业员工的知识水平、业务能力、工作效率与质量、经营作风、应变能力等所产生的价值。一个综合素质较高又具有顾客导向经营思想的工作人员，能够为顾客创造更高的价值，从而产生更多的满意顾客。例如，一位年长的技师不仅在几分钟内换好了轮胎，并且向顾客讲述了造成轮胎破损的几种原因，还回答了顾客汽车保养方面的问题。这位顾客所得到的人员价值是非常高的。④形象价值，是指企业及其产品在社会公众中形成的总体形象所产生的价值。如果企业具有良好的形象与声誉，顾客购买和使用该企业的产品就可能得到他人的赞誉，提升自己的社会地位。

总顾客成本是指顾客在评估、获得与使用产品或服务时预计会产生的付出。顾客为获得上述的一系列价值，一般会付出四个方面的成本：①货币成本，即顾客购买产品或服务支付的价格。②时间成本，即顾客在收集产品信息、选择产品、学习使用，以及等待服务等过程中，付出的时间与机会成本。③精力成本，也叫精神成本，是顾客为学会使用和保养产品，联络企业营销人员，或为产品与服务的安全等所投入的注意力和产生的心理压力。④体力成本，即顾客为寻找、使用、保养、维修产品所付出的体力。

与顾客感知价值相似的一个概念是顾客让渡价值，这是菲利普·科特勒在《营销管理》一书中提出来的。他认为，顾客让渡价值（Customer Delivered Value）是顾客总价值与顾客总成本之间的差额。① 其与顾客感知价值的主要区别在于，顾客让渡价值没有强调与竞争产品对比这一内容。对营销者来说，无论是顾客感知价值，还是顾客让渡价值，都是顾客总价值与顾客总成本之差，所以为了提升顾客价值，营销人员应努力提高产品或服务的价值，降低顾客评估、获得与使用产品或服务的成本。但要提高顾客感知价值，还必须比竞争对手更优秀，因为顾客是在对比了竞争产品的基础上，做出的购买决定。

顾客价值理论告诉我们：顾客购买产品所获得的不仅是产品具有的功能和质量；顾客所付出的也不仅是购买的价款。顾客价值是顾客购买产品所得到的"赢利"。企业希望通过销售获得最大利润，顾客也希望通过购买获得最大利益。顾客争取价值最大化的过程是一个"试错"的过程，通过不断的购买活动来积累经验和知识，依据消费的满意程度来调整或巩固自己对企业与产品的评价。满意的顾客更容易成为忠诚的顾客，并且给企业带来更多的业务。因为他们不仅会自己重复购买，还会影响别人的选择。

顾客满意（Customer Satisfaction）是顾客对一件产品的感知使用绩效与预期绩效进行比较所形成的感觉状态。顾客的感知使用绩效是顾客购买

---

① 菲利普·科特勒：《营销管理》，梅清豪译，上海人民出版社 2003 年版。

和使用产品以后，得到的好处、实现的利益，以及被提高的生活质量。顾客的预期绩效是顾客在购买以前，对产品可能给自己带来的好处、提供的利益的期望。预期绩效来源于顾客以往的购买经验、同事或朋友的影响，以及企业提供的信息与承诺。如果感知使用绩效低于预期绩效，顾客就不满意；如果感知使用绩效与预期绩效一致，顾客就满意；如果感知使用绩效超过了预期绩效，顾客会非常满意。

成功的企业为了让顾客满意，可以对产品做出某种程度的承诺，但真正的产品所能带给顾客的利益应大于该承诺。为了获得比竞争对手更高的顾客满意度，企业可以采用降低价格或加强服务等手段，但这可能使利润减少，因此，营销的目的是创造恰当的顾客价值，其既能持续提供更多的顾客价值与顾客满意，但是又不会让企业赔上老本。

营销者分析顾客的需要与欲望，开发和提供满足顾客需求的产品与服务，努力提高顾客价值和顾客满意度，其目的是实现价值交换。通过交换，顾客获得可以满足自己需要的有价值的产品或服务，营销者也换回对自己有价值的东西，比如可以用来购买生产资料的货币。当然，如果营销者是非营利组织，他们换回的可能是民众对自己的支持、人们对某种观点的接受等。

人的需要与生俱来，满足需要的方式也很多，只有当人们用交换这种方式来满足需要与欲望时，才会产生营销。营销可以理解为与想要某种产品、服务、思想或其他事物的目标人群建立和保持合理交换关系的所有活动。交换是市场营销活动的本质。

四、交换与市场

交换（Exchange）是指个人或组织以某种事物作为回报，从别人那里取得所需之物的行为。与其他满足需要或欲望的方式相比，交换可以让参与各方的利益增加，至少不会减少。因此，交换成为人们满足需要或欲望的最普遍的方式。

菲利普·科特勒认为，只有满足五个条件，才能发生交换。

（1）至少有两方，即有参与交易的人。

（2）各方都有被对方认为有价值的东西，即有交易的对象。

（3）各方都能传递信息和物品，即信息与物品能够流通。

（4）各方都有接收或拒绝对方物品的自由，即各方权利平等。

（5）各方都认为有必要进行交换，即通过交换，各自的境况都能得到改善。

只有具备上述条件，交换才能进行。企业的营销活动，在很大程度上就是不断创造和完善这五个条件的过程。

交换需要通过某一市场（Market）来完成。传统的观点认为，市场是在一定时间、一定地点进行商品买卖的场所。它反映了商品交换的内容及其时间、空间含义，但只表现了市场的一个侧面，属于狭义的市场概念。在现代的交换活动中，随着技术的发展，大量的交易不需要买卖双方在同一时间、同一空间聚齐后才进行，如电子商务，就是通过互联网这一虚拟的交易空间进行交换。所以，更准确的定义应该是：市场是对特定或某类产品进行交易的买方与卖方的集合。也有观点将市场定义为：具有特定需要和欲望，愿意而且能够通过交换来满足这种需要或欲望的全部潜在顾客的总称。这种观点将买方集合称为市场，将卖方集合称为行业。

市场营销是一种交换活动。通过交换，各方获得自己所需之物。在交换活动中，各方交换的迫切性、积极性，以及对于交换的要求等并不完全相同。营销者是在交换中积极、主动的一方。

五、营销者

营销者（Marketer）可以定义为：希望从其他人或机构那里得到资源并愿意以某种有价之物作为交换的人（或机构）。营销者可以是卖方，也可以是买方，这取决于竞争发生在哪一方。假如几个买房人都看中了同一套房屋，他们都会想办法提出更有吸引力的购买条件，争取房主能够选择自己，这时，买方是营销者，他们在进行营销活动。反之，若几个房主争取一个买房人选择自己的房子，那么卖方就是营销者。在有些情况下，买卖双方都在积极寻求交换，则双方都可称为营销者，他们在进行相互营销。

在这个系统中，营销者与竞争者都将产品与信息直接或通过中介间接传递给顾客。系统中所有参与者都受到宏观环境（人口特征、经济、自然环境、技术、政治、社会文化等）因素的影响。

系统中的每一个参与者都为下一个参与者创造价值。一个企业成功与否不仅取决于自己的工作，还取决于整个价值链满足顾客的程度。例如，华润万家不可能单独保证出售低价的商品，除非供应商能提供低成本的货物。同样，长安汽车无法单独履行让顾客满意的承诺，除非经销商也能提供卓越的服务。

因为营销者是主动寻求交换的一方，所以他们必须事先为交换成功创造条件，使预期的交换成为现实的交换。

综合前面的分析，营销就是企业在研究顾客需要与欲望的基础上，通过创造顾客价值和获取利益回报来建立有价值的客户关系的过程。

第二节 理解营销管理

市场营销管理是指为创造达到个人和机构目标的交换，而规划和实施理念、产品和服务的构思、定价、分销和促销的过程。市场营销管理是一个过程，包括分析、规划、执行和控制。其管理的对象包含理念、产品和服务。市场营销管理的基础是交换，目的是满足各方需要。市场营销管理的主要任务是刺激消费者对产品的需求，但不能局限于此。它还帮助公司在实现其营销目标的过程中，影响需求水平、需求时间和需求构成。因此，市场营销管理的任务是刺激、创造、适应及影响消费者的需求。从此意义上说，市场营销管理的本质是需求管理。

一、营销管理的类型

任何市场均可能存在不同的需求状况，市场营销管理的任务是通过不同的市场营销策略来解决不同的需求状况。

1. 负需求

负需求是指市场上众多顾客不喜欢某种产品或服务。例如，许多老年人为预防各种老年疾病不敢吃甜点和肥肉；有些旅客害怕冒险而不敢乘飞机；有些顾客害怕化纤纺织品有毒物质会危害身体而不敢购买化纤服装。市场营销管理的任务是分析人们为什么不喜欢这些产品，并针对目标顾客的需求重新设计产品、定价，做更积极的促销，或改变顾客对某些产品或服务的认识，诸如宣传老年人适当吃甜食可促进脑血液循环，乘坐飞机出事的概率比较小等。把负需求变为正需求的活动，称为改变市场营销。

2. 无需求

无需求是指目标市场顾客对某种产品毫无兴趣或漠不关心，如许多非洲国家居民从不穿鞋子，对鞋子无需求。通常情况下，市场对下列产品无需求：

（1）人们一般认为无价值的废旧物资。

（2）人们一般认为有价值，但在特定环境下无价值的东西。

（3）新产品或消费者平时不熟悉的物品等。

市场营销者的任务是刺激市场营销，即创造需求，通过有效的促销手段，把产品利益同人们的自然需求及兴趣结合起来。

3. 潜伏需求

潜伏需求是指现有的产品或服务所不能满足的许多消费者的强烈需求。例如，老年人需要高植物蛋白、低胆固醇的保健食品，美观大方的服饰，安全、舒适、服务周到的交通工具等，但许多企业尚未重视老年市场的需求。潜伏需求和潜在需求不同。潜在需求是指消费者对某些产品或服务有消费需求而无购买力，或有购买力但并不急于购买的需求状况。企业市场营销的任务是准确地衡量潜在市场需求，开发有效的产品和服务，这类营销活动称为开发市场营销。

4. 下降需求

下降需求是指目标市场顾客对某些产品或服务的需求出现了下降趋势，如城市居民对电风扇的需求渐趋饱和，需求相对减少。市场营销者要了解顾客需求下降的原因，或通过改变产品的特色、采用更有效的沟通方法等手段再刺激需求，即创造性地再营销，或寻求新的目标市场，以扭转需求下降的格局。

5. 不规则需求

不规则需求是指许多企业常面临因季节、月份、周、日、时对产品或服务需求的变化，而造成生产能力和商品的闲置或过度使用。如公用交通工具，在运输高峰时不够用，在非高峰时则闲置不用。又如，旅馆房间在旅游旺季时紧张和短缺，在旅游淡季时空闲。再如，商店在节假日或周末时拥挤，在平时顾客稀少。市场营销的任务是通过灵活的定价、促销及其他激励因素来改变需求时间模式，这称为同步营销。

6. 充分需求

充分需求（Full Demand）是指某种产品或服务现今的需求水平和时间等于期望的需求，但消费者需求会不断变化，竞争日益加剧。因此，企业营销的任务是提高产品质量及不断估计消费者的满足程度，维持现时需求，这称为"维持营销"。

7. 过度需求

过度需求是指市场上顾客对某些产品的需求超过了企业供应能力，产品供不应求。比如，由于人口过多或物资短缺，引起交通、能源及住房等产品供不应求。企业营销管理的任务是减缓营销，可以通过提高价格、减少促销和服务等方式使需求减少。企业最好选择那些利润较少、要求提供服务不多的目标顾客作为减缓营销的对象。减缓营销的目的不是破坏需求，而只是暂缓需求水平。

8. 有害需求

有害需求是指对消费者身心健康有害的产品或服务，诸如烟、酒等。企业营销管理的任务是通过提价、传播恐怖及减少可购买的机会等手段降低其销量，甚至由政府通过立法禁止销售，这被称为反市场营销。反市场营销的目的是采取相应措施来消灭某些有害的需求。

二、营销管理的管理原则

1. 控制过程比控制结果更重要

经常听到某些营销经理对业务员说："不管你是怎么卖的，只要你能卖出去就行，公司要的是销售额。"这是典型"结果导向"的营销管理，在目前的市场营销环境中，上述观念不仅不合理，而且已失去了市场。如果哪个营销经理对业务员如此要求的话，他最终肯定得不到市场，也得不到他所希望的销售额。这是一种典型的只管结果不管过程的营销管理观念。

现代营销观念认为，营销管理重在过程，控制了过程就控制了结果。结果只能由过程产生，什么样的过程产生什么样的结果。现代营销管理中最可怕的现象是"暗箱操作"和"过程管理不透明"，并因此导致过程管理失控，过程管理失控最终必然表现为结果失控。企业采取"结果导向"还是"过程导向"的营销管理，在很大程度上决定了营销管理最终的成败。我们并不完全反对依靠结果进行营销管理，通过对营销结果的分析，同样能够发现问题并采取有效的措施进行控制。但实际上，"结果导向"的控制只能是"亡羊补牢"，因为结果具有滞后性——企业今年的销售情况好，可能是去年营销努力的结果，而今年的营销努力可能经过很长的时间才能体现出来。在现代企业营销决策中，必须根据最新的市场信息进行决策。如果单纯根据具有滞后性的"营销结果"进行营销决策和营销管理，显然是不行的。

对营销人员的过程管理，最基本的要求是"每个营销人员每天的每件事"。例如，海尔集团对营销人员的管理称为"三 E 管理"，即管理到每个营销人员（Everyone）每一天（Everyday）的每一件事（Everything）。

海尔公司对营销人员进行全过程管理的"三 E 管理"，起到了下列五大作用：

（1）它使所有营销人员的工作都处于被监督的状态，这使很多企业管理人员常常感叹的营销人员"将在外，君命有所不受"的状态彻底改观。

（2）人都是有惰性的，有些营销人员取得一点小小的成绩后，业绩难以再提高，往往是惰性使然。由于采取"三E管理"，营销人员感受到工作的压力，这种压力可以变为动力，可以克服惰性，当然也有助于营销人员提高销售业绩。

（3）"三E管理"通过营销人员记"日清单"，促使营销人员不断自我反省、总结经验教训，从而使营销人员的工作能力极大提高，每天都有进步。

（4）通过"三E管理"，总部掌握了营销人员的销售进展情况，使公司能够在营销人员最需要的时候向他们提供最及时的销售支持。

（5）公司通过分析"日清单"，能够掌握市场总体状况，从而及时调整营销政策和营销思路。

对经销商的过程管理，其基本要求是管理到"每件产品以什么价格流向哪个市场"。对经销商的过程管理，难度要比对营销人员的过程管理大得多。因为营销人员属于"内部人"，是"可控因素"，而经销商属于"外部人"，是"不可控因素"。正是因为经销商不好管理，很多经销商不服管，企业对很多有实力有谈判地位的经销商不敢管，才导致众多企业对经销商管理的失控，并最终表现为市场失控。企业对经销商的过程管理，亟须解决的有两个问题：一是不敢管的问题，二是管理手段和管理工具问题。对经销商不敢管是营销管理中普遍存在的一种现象，特别是那些实力强大的经销商，企业更是不敢管不敢问，害怕关系弄僵，影响销售。实际上，对经销商越是不敢管，经销商的经营能力就越差，对企业的危害就越大。格力公司对经销商管理的一个原则是：只要违反原则，"天王老子"也给我下马。一次，一个年销售额达 1.5 亿元的经销商，来到公司要求特殊待遇，并且不服从公司的管理，公司营销经理不仅没有理他，而且毫不犹豫地把他从公司的经销网清除。

2. 该说的要说到，说到的要做到，做到的要见到

"该说的要说到，说到的要做到，做到的要见到"，这是 ISO9000 质量体系标准的精髓，这三句话同样可以有效用于营销管理，而且应该成为营销管理的精髓。

"该说的要说到"，它的基本含义是指营销管理必须制度化、规范化、程序化，对营销管理的对象、管理内容、管理程序都必须以文件和制度的形式予以规范，避免营销管理过程的随意性，实行"法治"而不是"人治"。在营销管理中必须树立"法"的权威性而不是人的权威性，营销管理的"法"就是营销管理制度。因此，成功的营销管理首要任务是建立营销管理制度，依法管理、依制度管理。想到哪儿就管到哪儿，想怎么管就怎么管，这是营销管理之大忌，也是目前普遍存在的营销管理现象，根治这一管理弊端最有效的措施就是坚定不移地贯彻"该说的要说到"这一营销管理的基本理念。

"说到的要做到"这句话的含义要容易理解得多，但执行的难度也很大。"说到的要做到"指的是，凡是制度化的内容，都必须不折不扣地执行。企业管理最可怕的不是没有制度，而是制度没有权威性。有制度而不能有效执行或有制度不执行，比没有制度对企业管理的危害更大。

"做到的要见到"是营销管理中普遍存在的盲区，它的含义是指：凡是已经发生的营销行为都必须留下记录，没有记录就等于没有发生。营销人员每天的工作要通过"行销日记"留下记录，理货员的理货工作要通过"理货记录"留下记载，与客户的交易要通过"客户交易卡"留下记录，

营销人员发生的营销费用要通过"费用控制卡"留下记录，对客户的考察要通过客户信用评估卡"留下记录，对市场的考察要通过"市场考察报告"留下记录，营销人员每月（季、年）的工作要通过月（季、年）度业绩报告留下记录，客户（营销人员）的来电要通过"电话记录卡"留下记录，现场促销要通过"促销报告"留下记录。

"没有记录就没有发生"是营销管理的一个重要理念，它对营销管理有三大作用：一是建立了责任（业绩）追踪制度，当每件事都留下记录时，就很容易对事件的责任进行追诉。二是使营销过程透明化，能够有效避免营销过程中的"暗箱操作"现象和营销人员工作中不负责任的现象。三是营销人员可以通过对营销记录的总结获得提高。

3. 预防性的事前管理重于问题性的事后管理

营销管理人员通常有两种典型的管理方式，一种人习惯于"问题管理"，另一种人习惯于"预防管理"。习惯于"问题管理"的管理者，他们管理特点是哪里发生问题，就到哪里解决问题，"问题管理"属于事后纠错式的管理，这种管理只能解决已经发生的问题，而不能预防问题的发生。习惯于"预防性管理"的管理者，他们的管理特点是在问题发生之前就已经预料到问题可能会发生，并采取相应的预防性措施预防问题的发生。

一个企业的营销管理，不可能没有事后的"问题管理"，但问题管理太多，只能说明管理的失败。一个习惯于问题管理的管理人员，不管他解决问题的能力有多强，不管他曾经解决的问题难度有多大，不管他曾经做出过多么轰轰烈烈的事，这样的管理者总是很难成为最优秀的营销管理人员。最优秀的管理者总是凭借他们的远见和洞察力，凭借他们的调研能力，把问题消灭在萌芽期。习惯于预防性管理的营销管理者，可能并没有习惯于问题性管理者那样津津乐道的故事，他们的管理经历由于预防了问题的发生而显得平平淡淡。

凡事预则立，不预则废。凡是没有做好预防性营销管理的企业，必然会由于问题成堆而不得不花大量的时间去解决问题，这又使得他们缺乏时间和精力去预防问题，从而形成恶性循环。要做营销管理的预防性工作，就必须加强调研，通过调研发现问题的苗头，发现问题的规律，发现可能发生的问题。一个成天坐在办公室里的营销管理人员是很难做好预防管理工作的，每个营销管理人员必须明白：他的工作场所在销售一线，只有深入一线才能发现真正的问题，才能提前发现问题。在生产领域，最优秀的生产管理人员最有效的管理方式是"走动管理"。在营销管理领域，最优秀的营销管理人员最有效的管理方式还是"走动管理"，即要经常到市场上走一走，去发现问题、现场解决问题。

多数管理者，解决问题后就不再有后续动作；而优秀的管理者还得思考问题的性质，是例外问题还是例常问题。例外问题是偶然发生的问题，而例常问题是重复发生的问题。优秀的管理者会在解决例常问题后，针对该类问题建立一种规则、一种政策，这样以后发生类似的问题，根据原则处理就行了。

4. 营销管理的最高境界是标准化

长期以来，我们更多地把营销当作一门艺术，经验、悟性、灵感和个人的随机应变在营销人员的职业素养中占有更重要的地位，因此，大多数企业的销售可以称为"精英销售"或"英雄主义的销售"。那些企业拥有了几个优秀的营销人员，靠这些优秀营销人员个人的杰出能力，就能为企业打出一片天下。营销经理们总是千方百计从各种渠道挖掘优秀的营销人才。遗憾的是，"营销精英"们的跳槽频率极高（他们总是竞争对手挖墙脚的对象），管理起来难度也极大。他们既能为企业开发市场，也非常容易毁掉企业的市场，甚至将客户带往竞争对手那里。"精英销售"体制还给企业带来一个问题：当企业没有找到或没有培养出销售精英时，企业只有通过那些普通的营销人员反复"花钱买教训"和"交学费"来提高营销水平。这是代价和风险极高的营销体制。

观察世界优秀企业的营销管理，发现他们有一个重要的管理理念：让平凡的人做出不平凡的业绩。优秀企业更重视企业的整体营销能力而不是个人的推销能力。如何才能让平凡的人做出不平凡的业绩？最好的方法就是标准化。国外优秀企业不仅能够把生产过程标准化（如麦当劳仅标准化操作手册就有几百本），而且尽可能地将营销过程标准化，如可口可乐公司不仅将产品在超市的陈列方式标准化，而且对营销人员巡视市场时是顺时针方向走还是逆时针方向走都有明确规定。优秀企业都有自己的标准化营销手册，营销人员人手一册。有些企业更深入一层，甚至将经销商的销售过程规范化，如松下公司仅客户销售手册就有几十本，营销人员经常性地对经销商进行标准化操作与管理培训，从而保证每个经销商都能规范运作。

标准化的营销程序与标准化的营销管理，通常是在对营销各方面进行深入细致的研究的基础上，借鉴优秀企业和优秀营销人员的"经验"与"教训"而制定的，它的最大优点就是避免营销人员反复"交学费"，避免由于营销人员个人经验、能力、悟性等不足而可能给企业造成的损失。一个平凡的营销人员，只要按照标准化的营销程序从事营销工作，就可以尽可能地避免失误，并取得超乎个人能力的业绩。

优秀企业都有这样的特点：靠科学、标准化的营销建立企业强大的营销能力，而不是靠一两个能干的营销人员。那些在科学化、标准化的营销体制之下业绩出众的普通营销人员，一旦离开该企业，离开企业强大的营销能力的支撑，业绩立即大滑坡。因此，在标准化的营销管理体系之下，营销人员的离职率相对较低，离职后对企业造成的损失也相对较小。

第三节　企业如何对待市场导向的创新思想

随着经济活动尤其是市场经济日趋成熟，营销理论作为实践指导性很强的理论，发生了较为深刻的变化；同时，理论的变化，对企业经营理念、管理模式、市场规则等也带来了深远的影响。营销要以市场为导向、以需求为中心，这种观念的确立，是建立在市场竞争比较充分、买方市场倾向、产品无差异化程度日趋加深的现实基础上。以市场为导向，就是要充分尊重市场规律，承认市场的作用和能量，把握市场趋势，以市场接受的方式引领、调整包括营销在内的各种企业行为。

一、以市场为导向而非以产品为导向

以产品为导向的理念曾在很长时期内被广泛接受，甚至现在仍有企业把它作为营销指引。以产品为导向的核心思想认为只要生产（或销售）出质量更好的商品，就一定会吸引更多消费者购买，稳固并扩大市场份额。这是一种主观意识下的观点，实质是忽视买方和竞争对手的能量，强迫市场被动接受卖方的改变。显然，在卖方市场或垄断行业中，企业以提高产品内涵谋取高额利润是非常正常也是最简单高效的行为选择。但严格地讲，产品导向型营销并不是真正意义的市场营销，因为这种营销没有真正在市场环境下进行，是脱离市场、否认市场的行为。在纷繁复杂、参与要素众多的现实市场条件下，企业必须充分换位思考，与各参与方实时互动，准确把握市场脉搏和发展趋势，才能真正找到企业自身的市场定位，发掘到含量最高的市场金矿。

营销是不同于销售并高于销售的独立环节。以市场为导向的营销，需要企业将营销环节前置，营销先行，用营销统领整个运营过程。在组织生产和销售之前，就要进行市场调查，确定全盘运营规划。要不断改进市场调查方法和分析手段，始终致力于掌握更真实的市场需求和研判出更准确的市场趋向。要根据市场需求，适度前瞻性地设计产品和制定销售方案。要把市调、生产、销售、售后有机整合，形成相互促进、循环上升的体系。

"没有疲软的市场，只有疲软的产品。"一种产品活力的丧失，最主要的原因是其背离了市场需求。因此，要想保证企业的永续发展，需要在运营中紧盯市场，不断根据市场变化调整产品内容。一个公认的事实是，在市场竞争中，能够彻底打击对手以脱颖而出的方法是提供差异化很强、对手无法快速跟进模仿的产品或服务。但是差异化也是一把双刃剑，存在被市场接受和与市场背离两种情况。打造市场接受的差异化，就需要从市场自身需求出发，根据市场取向的变化而变化。不断地拉近与市场需求的距离，就是最有效地拉大与对手的差异化距离。

二、以市场为导向而非以客户为导向

关于营销，有一种理解是以市场为导向就是以客户为导向，要以客户为中心开展营销。考察这种观点，首先要明确"客户"的定义，客户是指特定的消费群体还是全部的消费群体。如果仅是为特定的消费群体提供产品和服务，企业面临的是巨大的机会成本和自主性的丧失。市场和需求是不断变化的，相应地，消费者的水平和结构也是不断变化的，当特定消费群体势力变小甚至消失，企业的利润空间也就会随之减少或难以为继。市场是由全体参与要素共同构成的，不只包括消费者，还有政府、竞争者、上下游行业、宏观经济等影响因素。只以消费者或特定消费者为导向，是片面的、不客观的。要从多角色视角出发，多角度进行营销考核和策划，坚持用发展的眼光寻找未来的市场定位。特定的产品针对特定的用户是正确的，而且是必须明确坚持的，但是营销不仅针对单一的产品，营销是动态的过程，其成功的关键在于随需而变的调整。

三、以市场为导向对企业发展战略的意义

以市场为导向还可以用来引申理解企业的组织行为。营销不是只针对特定客户，企业也不一定只生存于特定市场。企业的实质是人和资本结合而成的利益追逐体，其宗旨是追求利润最大化。资本天生就是贪婪的、要向高利润行业流动的。成功的企业经营者不应满足于仅拥有专属行业的从业经验，更重要的是对内不断加深对资本特性的认知，熟练掌握驾驭资本的能力，对外不断加强分析判断市场的能力。在人与资本的组合中，要以人为主体，使资本为人服务，而不是人为资本服务。企业运作总是要经历从产品运营、资金运营到资本运营的不断进步。资本没有固定的姓氏，它不属于特定的行业，人也同样不属于固定的市场。

（一）市场导向的核心思想

市场导向作为现代企业营销管理的一个基本理念被许多企业所认同，是因为其核心思想具有先进性，能适应时代的发展要求，而时代性能促进企业实现可持续发展。其主要思想理念是：

1. 树立顾客至上理念

这是市场导向的首要因素，其基本思想是向顾客提供所需要的产品。也就是说，企业的整个市场营销活动，必须从明确顾客的需求开始，以满

足顾客需求告终。因此，它要求企业的经营活动要围绕着一个中心展开，那就是顾客满意。让顾客满意的途径就是自觉地调整企业的经营理念，认真研究顾客的需求，并以适当的方法，在适合的时间和地点，提供顾客所需要的产品与服务。这是市场营销所应遵循的基本原则。

2. 创建竞争优势

市场导向的第二个核心理念是创建竞争优势，与以往只注重追求销售额的理念不同，它更加强调企业必须具备取得长期最大限度的利润的竞争能力。企业不能采用急功近利的做法，而应该坚持长期发展战略。在利润的取得上，不拘泥于每次交易的利润大小，而是着眼于企业的长远发展，把争取顾客信任、扩大市场占有率作为最高目标，以谋取稳定的利润来源。在生产导向和推销导向的影响下，衡量企业经济效益的唯一标准是利润；在市场导向指导下，衡量企业获得经济效益能力的标准主要是市场地位、市场占有率、投资收益率。以市场占有率为目标，虽然在短期内利润可能不高，但企业一旦在市场上居优势地位，可获得更持久、更高的回报。

3. 实施整体营销策略

整体营销包括两个方面的要求。一方面，要求市场营销的多项活动密切配合。生产的发展、分配政策的选择、市场研究与预测、广告与销售等工作，都必须相互配合，成为一个整体，并在统一领导下进行工作。另一方面，整个市场营销活动必须与企业其他部门的活动协调一致。市场导向与生产导向相比有一个重要不同：在生产导向下，企业的典型做法是各个部门都从本位出发，各行其是；在市场导向下，则认为企业各部门是互相依赖、互相促进的。例如，营销部门根据市场需求变化，要增加生产新产品，那么生产部门就要考虑现有生产、技术力量及设备能力，财务部门就要考虑财务能力，做到与市场需求相适应。

（二）市场导向营销的发展

值得注意的是，市场导向也引起了学者的争议。有些学者认为，市场导向事实上包括满足顾客需求和谋取最大利润这两个相对立的目标。企业要同时兼顾这两个目标，就不免经常处于矛盾之中。有人认为，单纯的市场导向提高了人们对需求满足的期望和敏感度，加剧了满足眼前消费需求与长远的社会福利之间的冲突，导致产品过早衰退，浪费了一部分物质资源。

基于上述情况，发达国家在20世纪70年代又提出了"社会营销"的理念。社会营销理念是对市场导向的重要补充和完善。它的基本内容是企业提供的产品，不仅要满足消费者的需要与欲望，而且要符合消费者和社会的长远利益，企业要关心与增进社会福利，将企业利润、消费需要和社会福利三个方面统一起来。

20世纪80年代初，一些学者又提出了市场营销的"生态"观念。所谓生态营销观，指的是企业如同有机体一样，要同它的生存环境相协调。由于科学技术的发展，专业化和分工更细，企业与外界环境的相互依存、相互制约的关系日益明显。企业要以有限的资源去满足消费者的无限需求，必须发挥企业的优势，去生产既是消费者需要，又是自己所擅长的产品。

市场导向的内涵在不断地完善，这对于指导企业营销实践发挥了重要作用。尽管如此，对于市场导向仍须辩证地看。首先，并非所有企业都必须绝对一律奉行市场导向。有的学者指出，在某些情况下，对一些企业来说，取得成功的关键可能是依靠先进技术。因此，尽管市场导向极有价值，但在某些情况下，其他导向也许更为适宜。事实上，在市场经济发达的国家，实践市场导向的企业中，生产经营消费资料的企业多于生产经营产业用品的企业、大企业多于小企业，就是说，并非所有企业都在奉行这种市场导向。其次，市场导向与生产导向是不可偏废的。从理论上讲，为了更好地满足社会消费的需要，一方面要求生产紧随消费，另一方面有时也要求生产走在需求的前面。完全按照购买者的需要与欲望去组织生产，可能会压抑产品创新。发明家、科学家、工程师、大学教授给世界带来了电话、电灯、激光技术、静电印刷术、晶体管等，靠的是对科学知识的追求，而不是来自市场导向的启迪。这说明，盲目推举市场导向，既不符合实际情况，也有可能导致忽视科技进步、压抑产品创新、放松生产管理等严重后果。

市场导向型营销的实质是坚持不断创新，根据内外部环境变化调整营销理念和手段，增强企业的适应性和可塑性。营销无定式，只有在市场中审慎科学地摸索规律，相机而动，才能使企业真正立于不败之地。

第四节　营销的观念创新与方法创新

创新，在一定意义上讲就是参照一定的对象进行有效的差异化。营销创新就是差异化导向和差异化维度的选择。营销差异化导向有生产导向、消费者导向和竞争者导向。营销差异化维度有营销组织、营销制度、营销观念、市场、营销策略等维度。不同企业应根据实际情况选择不同的差异化导向和维度创新。

一、市场营销观念的创新

市场营销观念就是在市场上销售产品的思路与理念，它决定着企业市场营销的方向。与传统营销观念相比，现代营销观念的创新使企业所营销的产品在属性上发生了改变，具有了深层次的文化内涵。新营销观念主要体现在以下几方面：

（一）文化营销

文化营销是指把商品作为文化的载体，通过市场交换进入消费者的意识，它在一定程度上反映了消费者在物质和精神层面的追求，是企业有意识地通过发现、甄别、创造某些核心价值观念，因势对目标消费者加以利导，从而达到企业目标的一种营销理念。文化营销创新点在于将对文化差异和不同文化发展的关注注入营销全过程中，而使消费者在消费过程中得到文化层面上的认可和尊重。

（二）知识营销

知识营销，即高度重视知识、信息和智力，凭知识和智力而不是经验在日益激烈的市场竞争中取胜。企业在营销过程中，其广告、宣传、公关、产品等都注入一定的知识含量与文化内涵，通过向消费者传播新产品所包含的科学技术、文化知识等对人们生活的影响，由此说明新产品将如何提高他们的消费与生活质量，从而达到推广产品、树立形象、提升品牌力、激发消费者需求欲望的目的。知识营销创新点在于以知识的传播、运用、增值为流通商品或商品的一个组成部分，而消费者则从中得到更多的知识，从而能更有效地消费产品。

（三）绿色营销

绿色营销、现代企业管理、绿色管理体系、绿色营销策略等概念正日益进入人们的视野。随着消费者对于绿色消费的认可度的提高以及营销活动对环境影响的增大，绿色营销的概念逐渐形成并广泛传播。在现代企业管理中，绿色营销概念也得到了广泛的应用，许多现代管理企业将绿色营销概念融入管理理念中，创造了一种绿色管理体制，从而促进公司管理工作向前发展。但是，只有更深入地理解绿色营销及绿色营销对企业管理的意义，才能够在正式的企业管理工作中更深入地运用绿色营销理念和方法，促进现代企业管理工作的发展。

1. 绿色营销的含义

绿色营销是指企业在生产经营活动中注重生态保护，使经济发展与环境保护和谐共存，以满足消费者的绿色消费需求为中心和出发点，并将企业利益、消费者利益、环境利益结合起来，促进和谐共存发展的一种营销理念。绿色营销要求企业在各种活动中体现绿色思想，生产方式符合环保标准，经营方式满足绿色要求，企业管理也应该绿色高效。企业在生产、营销、管理等工作中都应该注重绿色营销理念的体现：在生产中节约生产原料，加强回收利用；在营销中满足消费者的绿色消费需求，降低营销污染；在管理中建立绿色管理体系，采用绿色高效的管理办法，施行绿色节能、人性化的管理措施。

2. 绿色营销的特点

绿色营销在现代企业中得到了广泛应用，这得益于绿色营销的特点，其特点也符合当代消费活动对于绿色环保概念的要求，体现了可持续发展思想，并且，绿色营销概念与企业发展并不冲突，其特点也符合企业经济发展需求。绿色营销主要有以下几个特点：

第一，兼顾性。兼顾性是指绿色营销能够做到将企业利益、消费者利益及环境保护三种看似矛盾的因素结合起来，即企业运用绿色营销理念和方法，能够更好地实现满足消费者需求、企业发展及环境保护的目标，促进三者的协调发展，这是绿色营销得以发展应用的最主要原因之一。

第二，法律性。绿色营销在近年来也已经有了更加具体的法律法规的约束，从法律角度保护消费者权益，企业有法可依，也能更好地进行管理体系的构建。

第三，相互性。绿色营销并不只针对企业本身，对于消费者也能产生影响，促进消费者自觉保护环境、增强环境保护意识；在企业管理方面，也能够促进员工自身的绿色环保思想的发展，更积极地配合企业管理工作，这种相互影响也能够相互促进，加快发展效率。

3. 绿色营销在现代企业管理中的应用

（1）转变员工管理理念，建立绿色管理体系。绿色营销在现代企业管理中的应用首先就体现在对于管理理念的影响方面。在以前的传统管理理念中，许多管理者都忽视了员工的心理，只是一味采取看似高效的压榨型管理方式，但事实上这种管理方式不仅严重影响员工的心理发展，长此以往也会严重影响企业管理效率，因此首先应该转变管理理念。在绿色营销理念中，管理者与员工之间也应该建立更加和谐的管理方式，通过一些更加有效的方法促使员工工作效率的提高，用绿色管理方式既提高了员工的工作效率，同时也能够加强企业管理效率。通过对管理方式的逐渐改进形成绿色管理体系，在对员工、对生产经营的管理方面都能够提高管理效率，同时促进绿色发展。

（2）树立绿色营销管理，制定绿色营销策略。产品的生产营销管理也是企业管理工作中的重点，管理者的决策影响着实际的营销策略和营销效率，因此，企业的管理者应该树立绿色营销管理的理念，在制定营销策略时，以绿色营销思想为指导，实现绿色营销目标。管理者在应用绿色营销的过程中，首先应该厘清企业利益、消费者利益、环境保护之间的联系，分清利弊。首先，企业应该进行有效的市场调研工作，了解分析市场绿色营销的现状及消费者的思想观念。其次，企业应该制订合理的产品生产计划，对于产品原料、生产过程、生产数量等都要进行严格的控制，选择绿色环保的生产原料，采用更加科学高效、降低污染的生产方式，同时根据实际需求进行产品生产，不要有过多的滞销、浪费情况。再次，企业在实际营销过程中也应该把握绿色营销理念，不要造成浪费和污染，用一些小技巧减少污染，如许多食品企业在一些干果类食品袋中装入垃圾袋和餐巾纸，看似是没必要的细节，实际上却能够很大程度上改善消费者乱扔垃圾的现象。最后，企业可以采取一些绿色促销手段，选择一些绿色媒体进行宣传工作，如网络、报纸等，避免造成噪声污染、光污染等。企业通过建立这一系列的绿色营销体系，能够很好地体现绿色营销的应用，有效地进行企业的营销管理活动，促进对营销部门的高效管理。

（3）建立企业绿色管理文化。现代企业管理文化的发展也是企业管理的重要工作，绿色营销在企业文化培养方面也有着重要的应用。企业通过建立绿色人员管理体制、绿色营销体制，能够让员工更深入地体会企业的发展理念，企业在绿色营销活动中取得的成果是企业管理文化中非常重要的组成成分。将这些管理理念、管理成果及公司的管理发展结合起来，就能逐渐在企业中形成绿色管理文化，这种文化内容能够作为企业发展进步的路标。企业绿色管理文化的发展不仅能够增强企业的绿色管理理念，更能够对员工产生深远的影响，增强员工归属感，同时还能够促进企业发展方向的形成，坚定企业管理方式，进一步促进企业的绿色管理发展。

4.绿色营销对现代企业管理发展的意义

（1）实现可持续发展。企业要继续发展壮大，就必须直视一些企业管理问题，明确了解企业在发展过程中的一些不足，传统企业在环境保护方面有着巨大的漏洞，尽管短时间内能够节约企业管理成本、促进企业经济发展，但是长时间发展只会让企业陷入困境。因此，绿色营销的应用不仅是一种单纯的营销理念的转变，更是一种企业发展道路的改变。如果企业能够非常深入、有效地利用绿色营销理念，就能够真正实现企业管理发展与环境保护之间的和谐共存，通过这种和谐发展关系的建立，企业能够获得更加强大的发展动力，从而促进企业的可持续发展。

（2）增强企业竞争力。在企业销售方面，消费者对于企业和产品的选择是出于多方面考虑的，如价格、外观、实用性、环保性等，在价格、工艺都相近的许多同行业企业中，环保性能就成了消费者选择产品时考虑的一项重要指标。企业运用了绿色营销理念之后，就在环保性方面极大地提高了产品的竞争力。并且，随着消费者对环保要求的提高，环保性能指标已经越来越重要。因此，绿色营销可以为企业获取更多的竞争力，通过这种营销方式的应用，将企业产品与别的企业产品进行区分，能够更多地获得消费者的青睐。而在企业管理方面，应用了绿色营销理念的企业，管理体系必然更有效率、联系更加紧密，能够更好地发挥企业员工的能力，从而提高企业的工作效率，这也是增强企业竞争力的一种重要方式。

（3）树立企业正面形象。企业的形象来源于企业的理念、营销方式、管理方式等多个方面。在消费者方面，对于一个企业形象的印象来源主要就在于企业的产品营销方式和宣传，企业如果采用非常环保绿色的营销方式，会给更多的消费者留下正面形象，从一些细节之处能够极大地增加消费者对企业的好感度。企业的宣传工作是否对消费者的生活造成了影响也是很重要的，如果采用大张旗鼓、铺张浪费的宣传手段，反而会引起很多消费者的反感，适当的绿色宣传才能够树立更良好的形象。在企业管理方面，采用绿色高效、人性化的管理方式的企业能够受到更多员工的正面评价，不仅能够提高员工对企业的满意度，更能提高员工工作效率，最重要的是能够对企业形成一种正面的宣传效果，吸引更多人才选择进入该企业。通过应用绿色营销手段，企业可以在多个层面树立自己的正面形象，也就能够吸引更多的消费者和人才，促进企业的进一步发展。

（四）体验营销

体验营销（Experiental Marketing）站在消费者的感官（Sense）、情感（Feel）、思考（Think）、行动（Act）、关联（Relate）五方面，重新定义、设计营销的思考方式。这种思考方式突破传统上理性消费者的假设，认为消费者消费时理性与感性兼具，消费者在消费前、消费时、消费后的体验，才是研究消费者行为与企业品牌经营的关键。与传统营销相比，体验营销的创新在于：传统营销更多专注于产品的特色与利益，体验营销则把焦点集中在顾客"体验"上，让消费者在消费过程中得到更深刻的体验，从而实现销售目的。

1. 体验营销的产生背景

（1）体验经济时代的到来。所谓体验经济，是指企业以服务为重心，以商品为素材，为消费者创造出值得回忆的感受的一种经济形态。在这种经济形态下，体验产品的生产过程与消费过程相互融合，企业的目光转向从生活与情境出发，塑造感官体验及思维认同，以此抓住顾客的注意力，改变其消费行为，并为产品找到新的生存价值与空间。

（2）体验经济时代的消费需求与消费行为特征。消费需求的变化促使一个新的经济时代到来，而体验经济时代的到来又使得消费在观念、结构、内容、主体、形式和额外关注等各个方面都发生了深刻而剧烈的变化。

消费观念：体验经济时代的消费者在消费观念上发生了质的转变，其需求既是理性的，又是感性的。

消费结构：在消费结构上，体验经济时代的消费者为满足情感需求而进行的消费的比重增加，抽象的"意义"融入了产品和服务之中，体验消费成为人们实现情感和理想需求的一种重要形式。

消费内容：随着消费者自我意识的觉醒，在接受产品或服务时的非从众性日益增强。精神消费成为主要的消费内容，并潜移默化地影响着物质消费。

消费主体：从消费主体来看，消费的团体性增强了。企业需要在团体性与个性化这两个相互矛盾的概念中寻找平衡。

额外关注：除了对体验产品本身的偏好，体验经济时代的消费者的公益意识也融入了其对产品的需求中。

（3）体验营销的必要性。随着"体验"这一经济提供物的出现并居于经济生活中的主导地位，体验营销产生并成为社会中的主流营销模式是历史发展的必然。作为体验经济的一部分，它是一种充满活力的营销模式，这种营销模式既可以和体验生产捆绑在一起进行，也可以单独作为一种营销模式来推进和运用。前瞻性地研究体验营销，对企业快速适应即将到来的体验经济时代意义重大。

2. 体验营销的理论解析

（1）体验营销的内涵。体验营销的核心理念是通过创造、引导并满足顾客的体验需求实现顾客价值，即以体验为桥梁真正实现所有顾客的理想和价值的过程。其实质是通过提高顾客价值实现顾客的满意、获得顾客对企业的忠诚度，最终实现企业的经营目标。

（2）体验营销的模式。基于美国学者伯德·施密特（Bernd H.Schmitt）对于体验的定义，体验营销也可以分为感官营销、情感营销、思考营销、行动营销、关联营销五种模式。

感官营销：感官营销的目标是营造一种环境，使顾客易于从感官上识别，形成初步的印象，或是通过视觉、听觉、触觉、味觉和嗅觉创造知觉体验，以满足人们的审美体验为重点，引发顾客的购买动机和增加产品的附加值。

情感营销：与传统营销方式相比，情感营销是更人性化的营销，它以顾客内在的情感为诉求，致力于满足顾客的情感需要，通过触动顾客的内心情感，给顾客以兴奋、快乐的情感体验。

思考营销：思考营销的目标是以新颖的创意来引发顾客的好奇，启发人们的智力，进而使顾客产生兴趣和了解的欲望，并自发地对问题进行集中或分散的思考，创造性地让顾客获得认识和解决问题的体验。

行动营销：行动营销的目标在于影响身体的有形体验、生活形态与互动。

关联营销：关联营销也被称为关系营销，是指通过感官、情感、思考和行动营销的综合，超越"增加个人体验"的感受，把个人与理想中的自我、他人和文化等更广泛的社会体系联系起来。

（五）节约营销

节约营销是生态营销、绿色营销的发展。构建和谐社会、建设节约型社会，要求以最少的资源消耗获得最大的经济和社会收益，保障经济社会可持续发展。因此，在生产和消费过程中，需要坚持用尽可能少的资源、能源（或用可再生资源），创造等量甚至更多财富，最大限度地回收利用各种废弃物。节约营销要求企业必须彻底转变现行的经济增长方式，进行深刻的技术革新。

1. 目标的浪费：假、大、空

目标也有浪费吗？笔者认为，不切实际的目标设定也是一种浪费，此种目标设定会使企业为此付出巨大的资源而最终却无法实现，这种浪费是致命的。现在很多企业一成立就为自己制定了"全国第一""行业第一""世界 500 强"的宏伟目标，而完全忽视企业本身的资源能力和当前行业竞争状况，企图短时间内就做大做强。这正反映了企业管理者的浮躁和战略思想的盲目，其最终的结果是企业资源和社会资源的巨大浪费，进而导致企业迅速夭折。

2. 包装的浪费：过度和奢华

说到包装的浪费，我们脑子里马上就会出现一些耳熟能详的产品，如月饼、化妆品等。不可否认包装在营销中的重要作用，它是产品的重要组成部分，是促成销售的十分关键的一环，于是乎，很多企业在包装上费尽心机，包装就越来越豪华、越来越奢侈，很多产品包装的价值远远超过了其本身的价值，可谓当今营销的一大怪象。其中最突出的恐怕要数月饼的包装了，成百上千的天价月饼比比皆是，让人顿生"月饼何其贵，把酒问青天"的感慨。包装的浪费从一个侧面反映了某些产品营销的浮躁和不理性。

3. 广告的浪费：盲目和疯狂

一位知名的广告人曾经说过，"我的广告费一半都浪费了，但我不知道浪费到哪里去了。"在这里我们可以把广告解释为必要的浪费，但笔者此处所说的"广告的浪费"，是一种盲目和疯狂的浪费。盲目者，是不知道自己的目标群和目标市场之所在，不管三七二十一、眉毛胡子一把抓，天女散花式地投放广告，能产生多少效果就算多少；疯狂者，是赌徒式投放广告，或者广告铺天盖地、轮番轰炸，或者不惜血本请超级明星代言等，企图一击而成。虽然有的企业获得了成功，但更多的是失败者给我们的警示。广告真的需要这样投放才能取得成功吗？笔者认为广告投放的盲目和疯狂无益于企业的发展。

4. 促销的浪费："百促不厌"，促而不销

促销的浪费主要表现在促销物料和促销活动上。由于缺乏合理的规划和执行不到位，很多企业制作了大量的促销物料，但最后大部分都留在了仓库里。促销的浪费很明显的表现之一是为促销而促销，即企业管理者只

是突然觉得该促销了，于是促销就开始了，而且是一个接一个，"百促不厌"，却没有弄清促销目的，这样的促销当然不会有什么效果，最后成了真正的"促销秀"——促而不销。促销的浪费是企业营销的无奈之举，且只是一种心理上的自我安慰。

营销的浪费当然不止这些，以上几例不过是"冰山一角"而已。营销的浪费反映的正是当前企业在营销行为中的浮躁、盲目、冒进、急功近利等不理性心态，也是中国一些本土企业无法实现超越、做大做强的一个原因。面对国际化趋势、越来越激烈的市场竞争、越来越理性的消费者和市场，在越来越注重成本竞争和资源优化的营销时代，我们必须重新审视营销的未来，树立理性营销心态，实现营销的全面改革。首先，让我们告别"浪费营销"，倡导"节约营销"，走入理性营销时代。那么什么是"节约营销"呢？"节约营销"应被赋予什么内涵呢？笔者先谈谈自己的浅见，抛砖引玉。

节约营销内涵之一：合理有效、可持续的战略规划和目标设定。企业营销的目的在于以各项资源的整合实现销售和利润的最大化及最优化。最大、第一或者500强，都是在以上目标实现下的品牌载体而已，而绝不能颠倒轻重，以这些称号为目标。因此，企业若想制定合理有效的战略规划和设定目标，必须先理解营销的本质。战略规划和目标绝不仅仅是画在纸上的蓝图，而是方向和行动指南，体现的是企业的战术决心和战略意识，因此必须有效合理，从而避免战术资源的浪费。战略规划和目标设定还必须是可持续的、连续的、渐进的，否则，就将流于短视。

节约营销内涵之二：资源的优化整合。整合营销的本质就是实现资源的最优化整合，从而实现营销价值的最大化，因此，在营销的每一环节必须考虑资源的最大利用，这也正是节约营销的本质要求。整合绝不是组合，组合只是实现1+1＞2的效果，而整合实现的是倍数扩大和倍速增长效应，如果说组合是加法营销，那么整合就是乘法营销。节约不是目的，节约是为了实现价值的最大化和最优化。资源优化整合的要义在于该用的一定要用，而且要用精用好，不该用的坚决不用，体现的正是一种节约理念。

节约营销内涵之三：树立科学的成本观。提到节约，恐怕很多人首先想到的就是成本控制。不错，成本控制理应成为节约营销的一个核心观念。企业利润的两个来源：一是销售，一是成本控制。只有实现销售和成本控制的和谐统一，企业才能够实现利润的最大化，否则，利润的最大化只是一句空谈。成本控制绝不是简单的节约，成本控制应以销售和利润为导向，科学的成本概念应是让合理预算中的每一分钱都产生最大价值。成本已成为当今市场竞争的主要手段，谁具备了成本优势，谁就有了制胜市场的利器，因此，树立科学的成本观是中国一些本土企业的当务之急。

节约营销内涵之四：以简洁理性的方式与消费者进行沟通。营销的浪费也是对消费者价值感受的不尊重。营销就是沟通的艺术，广告和促销必须以消费者价值感受为基础，任何忽视消费者需求和价值感受的沟通方式只会适得其反，无疑就是沟通成本的浪费。营销就是要使销售活动变得简单，而不是复杂和烦琐，否则，我们的营销策划就失去了实际意义，也就纯粹是艺术了。简洁和理性就是让消费者以最快的速度找到自己的真实需要，这才是营销沟通的真正意义。"节约营销"是对营销整合的提升和延展，是对"浪费营销"发起的"瘦身"革命，是对营销浮躁症的颠覆，是理性营销时代的深刻内涵。倡导"节约营销"是基于企业生命和发展的理性思考，也是对营销策划人价值的考问。倡导节约营销势在必行！

二、市场营销方法的创新

现代市场营销观念，要求企业通过在营销方法上不断创新与突破，以促进产品的销售。

（一）关系营销

关系营销以系统的思想来分析企业的营销活动，认为企业营销活动是企业与消费者、竞争对手、供应商、分销商、政府机构和社会组织相互作用的过程，市场营销的核心是正确处理企业与这些个人和组织的关系。采用关系营销方法的企业在进行营销活动时，其重点有：建立并维持与顾客的良好关系，使消费者得到更多的关注和尊重；促进企业合作，增加共同开发市场的机会；协调与政府的关系，创造良好的营销环境。

（二）网络营销

网络营销是企业通过互联网络开展营销活动的一种方法，包括网络调研、网络促销、网络分销、网络服务等。企业可建立自己的网站，通过网络传递商品信息，吸引消费者注意并在网上购买。网络营销可缩短生产端与消费端之间的距离，省去商品在流通中的诸多环节，降低耗费在整个商品供应链上的成本、缩短运作周期、扩大市场和经营规模。

（三）定制营销

定制营销是指企业在营销活动中，把每一个顾客都视为一个潜在的细分市场，针对每个消费者与众不同的个性化需求，为其"单独设计、量身定做"产品，从而最大限度地满足消费者需要的一种营销模式。

（四）事件营销

事件营销是通过或借助某一有重要影响的事件来强化营销、扩大市场的方法。开展事件营销的前提是充分抓住和利用某一有影响的事件，并把它与企业营销有机地结合起来，达到"借船过海、借风扬帆"的目的。

（五）互动营销

互动营销是企业针对消费者的个性需求，通过各种沟通技术与手段，把消费者当作伙伴，与之充分互动，让他们参与到产品的设计、改进、生产等活动中，建立起企业与消费者之间的互动关系，使企业能够为消费者的个性化需求提供个性化服务，使产品更容易被接受，从而缩短产品进入市场的时间，取得营销的成功。

（六）整合营销

整合营销是对传统营销组合的升华和理性化，使之形成体系。当前，我国坚持走可持续发展之路。在新的形势和新的环境条件下，企业应大力推行新的营销观念和营销方法，不断提高自己的竞争优势，使"新营销"在知识化、数字化、个性化、网络化、合作化、公益化、非价格竞争等方面不断地创新与发展。

第二章 市场营销与环境管理

第一节 营销环境概述

市场营销环境的内容十分广泛且复杂。由于观点和角度的不同，有的学者将市场营销环境分为五大类，即一般环境、策略环境、科技环境、国际环境和市场综合环境；美国营销学家迈克塞将其分为公司目标及资源环境、竞争环境、组织与技术环境、文化与社会环境；著名营销专家菲利普·科特勒博士则把市场营销环境概括为微观环境和宏观环境。

一、营销环境的构成

（一）微观环境

1. 市场营销渠道企业

市场营销渠道企业是指参与到产品生产、分销和消费过程中的各种组织和个人，主要包括供应商、中间商、辅助商。供应商所提供的原材料等的质量好坏，直接或间接影响到企业所生产产品的质量、性能、价格等。

2. 企业自身环境

企业自身环境是指企业高层、市场营销部门、其他职能部门及一般员工对营销活动产生的影响。

3. 消费者

消费者是企业营销活动的出发点和归属。企业的一切营销活动都应以满足消费者的需要为中心。因此，消费者是企业最重要的环境因素。

4. 竞争者

企业在目标市场进行营销活动的过程中，不可避免地会遇到竞争者。面对各种竞争者，企业必须在满足消费者需要和欲望方面比竞争者做得更好。

5. 利益相关者

利益相关者是指对企业实现营销目标的能力有实际或潜在利害关系和影响力的团体或个人。企业面对公众的态度，会协助或妨碍企业营销活动的正常开展。所有企业都必须采取积极措施，树立良好的企业形象，力求保持和公众之间的良好关系。

（二）宏观环境

1. 经济环境

经济环境主要指一个国家或地区的消费者购买力、商品供给、商品价格、消费结构和消费者支持模式等。

2. 人口环境

市场是由具有购买欲望和购买能力的人构成的，营销活动的最终对象也是人。人的需求是产生市场需求最根本的动因。

3. 自然环境

自然环境是指能够影响社会生产过程的自然因素，包括自然资源、企业所处地理位置、生态环境等。自然环境的变化既可能成为企业发展的机遇，也可能对企业产生潜在威胁。

4. 政治法律环境

包括营销活动在内的所有企业活动都必然受到政治法律环境的影响和约束。政治法律环境因素主要是指国家政局、国家政治体制、经济管理体制及相关法律法规和方针政策等。

5. 科学技术环境

科学技术的发展对营销活动的影响是直接而显著的。它直接影响市场供求。新技术的出现增加了商品的市场供给，极大地刺激了消费者需求，促使消费品种增加和范围扩大，从而使消费结构发生根本性变化。

6. 社会文化环境

社会文化环境是指一个国家、地区的民族特征、价值观念、生活方式、风俗习惯、宗教信仰、伦理道德、教育水平、语言文字等社会文化因素的集合。

二、市场环境信息的收集

随着技术的进步、全球市场一体化、客户对服务需求的增长和电子商务的广泛应用，企业间的竞争日益激烈。面对快速变化的市场环境，信息已成为企业不可或缺的生产经营资源。为了及时处理大量增加的内、外部信息和提高其处理质量，企业必须利用现代信息技术。营销信息系统作为连接企业和营销环境的纽带，对企业的决策和经营活动起着重要的作用，也是提高企业核心竞争力的有力保证。

（一）营销信息系统概述

营销信息系统是由从事收集、整理、分析、评估、报告和分配营销信息的人员、设备和程序构成的一个系统。营销信息系统的功能是使设计师能够准确地向有关管理人员提供营销信息，以便根据内外部环境的变化制订、执行、调整和评估市场营销计划和活动。营销信息系统的主要任务就是为营销决策和沟通提供必要的信息支持。具体地说，它有以下几项任务：第一，评估信息需求。第二，开发信息。第三，分析、解释与报告信息。第四，分送信息。

（二）市场营销信息系统运行管理的内容

市场营销信息系统的运行管理工作是系统研制工作的继续，主要包括日常运行的管理、运行情况的记录和对系统运行情况的检查和评价。

1. 市场营销信息系统的日常运行管理

市场营销信息系统的日常运行管理主要包括：数据的收集、校验、录入；在保证基本数据的完整、及时和准确的前提下，系统完成理性的信息处理和信息服务工作；系统硬件的运行、维护以及系统的安全管理。其主要内容有以下三点：第一，数据的收集。企业通过收集内部资料和外部市场情报，以及市场调查和信息分析与加工，而形成的高层次信息。信息的收集是企业营销信息系统的核心模块，它直接决定着营销信息系统的质量和成效。第二，数据的校验工作。对于任何信息系统来说，最重要的资源是数据，一切硬件、软件及其他资源，都是为了保证数据的及时、完整及准确，整个信息系统的效率或者对外的形象都依赖于它所保存的数据。因此对大量数据的校验工作就显得尤为重要，这也是企业决策者在营销信息系统的运行管理中特别要注意的问题。第三，数据的录入。数据的录入工作比较简单，其要求是迅速且准确。

2. 系统运行情况的记录、检查与评价

在完成营销信息系统日常管理工作的同时，还应该对系统的工作情况进行详细的记录。这主要包括以下三项内容：一是有关工作数量的信息。二是有关工作效率的信息，比如，根据完成一次年度报表的编制所需要的

成本，计算出营销信息系统的经济效应。三是系统内部提供的信息服务的质量。市场营销信息系统在其运行过程中，除了进行大量的管理和维护工作，还要定期地对系统的运行状况进行审核和评价。系统的评价主要从以下几个方面进行：一是系统是否达到预定的目标，目标是否需要修改。二是系统的适应性、安全性评价。这是指系统运行是否稳定可靠、系统使用与维护是否方便、运行效率是否能够满足营销业务的要求。

（三）企业在掌握营销信息和建立营销信息系统过程中应注意的问题

市场营销信息系统是由人、设备和程序组成，它为营销决策者收集、挑选、分析、评估和分配需要提供及时的准确信息。不同企业，其信息系统的具体构成会有所不同，但基本框架相同，一般由若干子系统组成，而与运行管理有关的子系统包括营销信息处理和情报检索系统。营销信息系统交付使用时，其研制工作即告结束。系统进入试用阶段后，要对系统进行维护和管理，才能使信息系统真正发挥为管理者提供信息的作用。而所谓运行管理工作就是对信息系统的运行进行控制，记录其运行状态，进行必要的修改和补充，以便使信息系统真正符合管理决策的需要，为管理决策者服务。

营销信息的获得是需要成本的，而营销信息系统的建立更非一朝一夕所能完成。为此，企业的领导人员必须具有高瞻远瞩的眼光和智慧，树立"信息就是企业的生命"的意识，广泛地收集完整有效的信息，并通过营销信息系统的处理，使之成为准确可靠的信息。在这里，收集和掌握营销信息只是企业信息化的初步阶段，最重要的是建立快速反应的营销信息系统。

企业的销售人员无疑是企业与外部联系的纽带和桥梁，他们担当着为企业销售产品，与代理商建立长期稳定的合作关系，争取为企业带来长期的利益和获得外部信息的重任。实际上获得信息并初步地处理信息是销售人员的重要工作内容之一。这就要求销售人员具有良好的个人素质和工作能力，具有整体观念、全局观念。为此，公司必须充分重视对销售人员业务能力的培养和提高，经常开展业务培训活动，使销售人员不断提高工作能力，成为销售产品、收集和初步处理信息的行家里手。

当前，企业营销信息系统存在可靠性差并缺乏决策支持功能等问题。一些企业虽然也建立了很多诸如 ERP（Enterprise Resource Planning，企业资源计划）等操作系统，但总体说来可靠性差、缺乏可操作性。电脑、数据库、网络等相关技术系统都只是工具，一个企业能否应用信息技术提高自身的竞争力，在很大程度上取决于如何应用这些技术。目前，很多企业已经建立了比较完备的公司网站、网上报销系统、工作计划与报告管理系统、网上订货系统、网上办公系统，但这些系统还没有真正应用起来，还没有打破某些职能部门之间的界限，信息还没有趋向"一体化"，在决策支持功能方面更是有待于进一步加强。我们距离快速反应的营销信息系统还有很长的一段路要走。

（四）营销系统的分析研究

营销系统的分析研究是针对营销决策者的要求，主动或被动地采用信息定性处理和定量处理的方法，依据分析研究结果提出决策方案，供决策者决策参考的一种服务形式。信息定性处理是指将收集到的信息，按功能和隶属关系，整理成背景材料，交给具有一定理论水平和实践经验的人员进行面对面的讨论，最后得出具有倾向性的结论，间接作为决策方案的参考。信息定量处理是指通过一定的测量方法采集大量信息，并进行数据处理，给出定量的信息分析研究的过程。其处理方法是把收集到的信息，按照其剂量或者计数单位，按顺序依次排列，或按其大小次序分组。其目的是使已有数据有序化，同时也为数据的图形化提供方便。

当然，掌握营销信息特别是营销信息系统的建立与应用是一项非常复杂的工程，需要细致的工作与长期的努力，需要多个不同职能部门通力合作。但我们也相信，只要我们充分重视营销信息的作用，运用科学的方法建立起快速反应的营销信息系统，我们就会"运筹帷幄，决胜千里"。企业的市场营销信息系统的主要功能就是向管理者提供迅速、准确、可解释的信息，减少信息资源的浪费与信息资源利用盲目化，这对提高企业管理及营销决策的科学性、时效性和有效性有一定帮助，对充分了解竞争对手的最新动态、准确及时地分析竞争环境并做出合理战略决策提供了有力的保障。同时，加强对营销信息系统的运行管理，可以使企业在激烈的市场竞争中始终立于不败之地。

三、企业应对营销环境变化的方法

企业的发展存在着优胜劣汰，企业内部的管理以及营销的措施都直接影响着企业的生存和发展。市场营销环境的改变对于企业来说，既是挑战也是机遇，它可以淘汰掉没有发展潜力的企业，也可以改善市场营销的大环境，使企业之间的交易可以在透明、公正的环境下进行，所以企业应抓住这个机会，提高自身的综合能力。

（一）在宏观市场营销变化中采取的措施

1. 协调性措施

企业在应对市场营销大环境的变化时，可以采取协调性措施来适应这种变化，协调性措施要求企业利用自身潜在的能力，来化解市场营销环境变化给企业造成的影响。这种措施可以使企业的营销策略与市场要求的策略保持一致，不会因为无法适应大环境的变化而给自身带来经济损失，同时使企业的产品销售保持在平衡的状态。协调性措施是非常灵活的，一旦使用不当会给企业带来相反的效果，不仅不能有效抵抗市场营销环境变化带来的影响，还会使自身的营销策略乱了阵脚。所以，在运用协调性措施时要做到以下三点：第一，保持企业原本的营销市场不会缩减，确保营销的顺利进行。第二，从企业整体的发展情况分析，确保不会有明显的损失。第三，市场营销环境的改变，不会影响到企业长期发展的战略目标。只有做到这三点，才能使企业游刃有余地面对市场营销环境的变化，保持企业经济收入平衡增长。

2. 抵制性措施

企业可以采取抵制性措施，来面对市场营销环境变化带来的考验。抵制性措施使企业可以有效地避免不利因素对企业发展带来的影响，给企业带来有效的保护。企业可以通过高效、合法的方式，来应对政府相关部门的限制，或通过民主的方式来改变一些不合理的法律条款规定，利用这种正当的手段来维护自己的合法权益。当然，可以实行这种抵制性措施的企业，需要有非常雄厚的资金支持以及有可靠的社会背景，这就说明，企业的不断发展壮大是保障其维权的基础。在采取抵制性措施时，也有需要注意的地方，比如：第一，所有的维权行为，一定要符合法律的要求，不能有违法乱纪现象的出现。第二，所有的维权行为，要符合人民的意愿，不能在人民群众的心中留下恶劣的影响。第三，所有的维权行为，不会影响到企业的正常经营。这三点是抵制性措施实行的基础，企业一定要按照相关的要求，去维护自己的权利，保障自身权益不受到侵害。

3. 多元化措施

多元化措施要求企业在面对不利因素的影响时，对受威胁的产品采取暂时或永久停产的措施，也可以重新定位自己在市场中的营销方式，将资金投入有营销潜力的产品中。通过这种多元化的营销措施，可以使企业在市场营销环境改变的情况下，增加销售的途径和方法，保障产品的正常销售，避免给企业带来经济损失，也可以使企业更好地适应营销市场环境的变化。

（二）在微观市场营销变化中采取的措施

1. 同步性措施

企业在适应市场营销环境的变化时，也可以通过对微观市场的调整来更好地处理营销方式，其中采取同步性措施，要求企业在面临其他企业的竞争时根据不同情况做出不同反应。如果本企业已经处于领先地位，则保持这种优势的地位就可以；如果本企业的发展在竞争企业之下，本企业应该采取有效的措施来提高自己的地位。这种同步性措施，可以使企业迎合众多企业的发展，与其他企业的发展保持在同步的水平，不会因为自身的出众而引来其他企业的压制，也可以通过竞争来超越别的企业，激发了企业的潜能。

2. 开发性措施

企业采取开发性措施来应对营销产业的变化，可以有效地应对顾客的投诉问题。通过顾客针对现有产品反映的情况，企业可以明确知道自己的不足，并制定出有效的措施来弥补，这就为企业的发展提供了更多的机会。这种开发性措施，可以在微观上改变企业的发展结构，使企业不断进步，这样就可以更好地适应市场营销环境的变化。同时要对客户不满意的产品进行革新，或者开发出新的产品，在开发新产品的阶段，如果需要投入大量的资金以及需要更高技术水平的人员来完成，企业应该在产品的开发阶段就把这些信息透露给消费者，提高消费者对产品的兴趣，也可以使消费者更加全面地了解产品，这是提高企业经济效益的重要措施。

3.改变性措施

当企业采取改变性措施来面对市场营销环境的变化时，要求企业面对市场对产品的淘汰，不放弃这部分产品的经营权，而是采取相应的新措施来缓解这种现象。通过采取相应措施来挽回产品在消费者心里的形象，恢复产品的销售情况，减少企业的损失，如增加产品的宣传、在当地开展一些促销活动、降低产品的价格等。通过这种改变营销策略的方式，既提高产品的销售量，同时也保障了企业的经济利益不受损害。

4.适应性措施

企业产品在销售过程中，一定会面对不同经济水平的消费者，这时就需要企业能够把产品的价位设置在不同的区间，从而可以满足大多数消费者的购买意愿。当然，这种营销措施并不适用于企业的所有产品，有些产品的价格定位符合其本身价值，促销活动卖出较低的价格对于企业来说不会产生盈利，这种状况下适应性措施就不能被应用。

（三）企业要不断加强产品的创新及提高服务水平

1.核心产品的创新

对于企业来说，核心产品是给企业带来经济效益的重要产品，消费者的需求不断在增加，原本产品的性能已经无法满足人们的需求，所以，企业要对核心产品进行创新，以稳固自己在市场中的营销地位。在创新的过程中，应该以高新技术支持为基础，在产品本身具有的性能基础上，增加其他方面的性能，通过这种创新的形式，可以增加核心产品在市场中的竞争力。

2.产品形式的创新

目前，我国社会经济发展非常迅速，人们的生活水平不断提高，无论是科技产品还是日常生活必备的用品，淘汰的速度都很快，这就减少了新产品在市场中销售的时间。各行的企业对于新产品的样式创新也在加强，因此，面对市场营销环境的变化，企业更应加快产品更新换代的速度，不断生产出可以满足消费者需求的高质量产品。形式的创新对于产品的销售非常重要。新的包装可以刺激消费者的购买欲，比如，近几年我国电子科技产品的销售，都打着"智能"产品的旗号，消费者对于这种新兴的技术产品产生了极大的兴趣，使得智能科技产品的销售业绩不断提高。产品形式的创新也要结合产品的具体性能和实际的价值，合理地选择包装材料，符合环保包装的理念。

3. 产品性能的创新

很多企业生产的产品，都是延续了原本产品的性能，不能形成独立统一的性能创新体系，使产品的创新不能更好地满足消费者的需求。所以，企业要加大对新产品性能的创新，之后也要加大对新产品性能的宣传力度，这样可以增加消费者对新产品的兴趣，从而提高销售量。同时，性能方面的创新，也可以体现出企业的实力，判断其是否能够适应新的市场营销环境。企业要加大产品性能创新的意识，积极借鉴成熟的技术，快速、高效地完成创新过程。

4. 提高整体服务水平

企业在创新产品的过程中，总是会受到成本的制约。想要在有限的资金支持下，大力开展创新工作很有难度，所以，企业可以调整战略方向，把发展的重心放在提高服务水平和扩展产品销售渠道方面。通过降低成本，吸引更多的消费者，保留住企业的客源。近几年，餐饮企业在我国得到了迅速的发展，食品安全事故也时有发生，这使得企业与消费者之间失去了已经建立的消费信任关系。为了改善这种状况，企业在加强管理的同时，也要增加与消费者的沟通和互动，把自己的服务落实到每一个细节之中。

在企业的发展过程中，会遇到很多的困难和挑战，市场营销环境的变化，也给企业的产品销售带来了很大的影响。企业在适应这种大环境的变化时，可以从宏观和微观两方面来应对，灵活多变地处理市场的变化。同时，在采取策略解决企业经营的困难时，也要遵守国家的相关规定，不可以出现违反法律法规的行为。市场营销环境的变化对于企业发展来说也起着推动的作用，市场大环境的淘汰机制可以使企业充分发现自身经营的不足，而消费者对产品提出的意见，加大了企业的创新力度、完善了产品的性能，使企业的新产品可以更好地满足消费者的要求，从而给企业带来更大的经济效益。所以，市场营销环境的变化促进了我国企业的进步。竞争淘汰的方式，提高了我国企业的综合水平，是提高我国综合经济实力的重要措施。

第二节　市场环境分析与 SWOT 分析法

SWOT 分析方法是一种企业战略分析方法，即根据企业自身的既定内在条件进行分析，找出企业的优势、劣势及核心竞争力之所在。其中，S 代表 Strength（优势），W 代表 Weakness（劣势），O 代表 Opportunity（机会），T 代表 Threat（威胁），其中，S、W 是内部因素，O、T 是外部因素。按照企业竞争战略的完整概念，战略应是一个企业"能够做的"（即组织的优势和劣势）和"可能做的"（即环境的机会和威胁）之间的有机组合。

一、SWOT 分析法

市场环境是指经营活动所处的社会经济环境中企业不可控制的因素。任何组织的经营过程，实际上是不断在其内、外部环境及其经营目标三者之间寻求动态平衡的过程。因此，应对比分析外部环境中存在的机会和威胁、组织内部的优势和劣势，以便充分发挥组织的优势，把握住外部的机会，避开内部的劣势和外部的威胁。最常用的内外部环境综合分析技术就是 SWOT 分析法。

（一）SWOT 模型的要素

1. 机会与威胁分析（OT）

环境发展趋势分为两大类：一类表示环境威胁，另一类表示环境机会。环境威胁指的是环境中一种不利的发展趋势所形成的挑战，如果不采取果断的战略行为，这种不利趋势将导致公司的竞争优势受到削弱。环境机会就是对公司行为富有吸引力的领域，在这一领域中，该公司将拥有竞争优势。对环境的分析也可以有不同的角度，比如，一种简明扼要的方法就是 PEST 分析，其中，P 是政治（Politics），E 是经济（Economy），S 是社会（Society），T 是技术（Technology）。另外一种比较常见的方法就是波特的五力分析。

2. 优势与劣势分析（SW）

当两个组织处在同一市场，或者说他们都有能力向同一顾客群体提供产品和服务时，如果其中一个组织有更高的盈利率或盈利潜力，那么，我们就认为这个组织比另一个组织更具有竞争优势。竞争优势可以指消费者眼中一个组织或它的产品有别于其竞争对手的任何优越的东西，它可以是产品线的宽度，产品的大小、质量、可靠性、适用性，风格和形象，以及服务是否及时、态度是否热情等。

在市场经济日益发达的今天，质量对于一个企业来说越来越重要，产品质量的高低是企业有没有核心竞争力的体现之一，提高产品质量是保证企业占有市场，从而能够持续经营的重要手段。一个企业想做大做强，在增强创新能力的基础上，努力提高产品和服务的质量水平是重要的辅助手段。企业团队要以服务质量为中心，在保证产品质量的同时，采取跟踪服务，做好售后服务，力图打造以优质产品和服务为目标的"品牌"形象。

企业文化能对企业整体和企业成员的价值及行为取向起到引导作用。具体表现在两个方面：一是对企业成员个体的思想和行为起导向作用，二是对企业整体的价值取向和经营管理起导向作用。这是因为一个企业的企业文化一旦形成，它就建立起了自身系统的价值和规范标准，如果企业成员在价值和行为的取向与企业文化的系统标准产生偏离，企业文化会进行纠正并将其引导到企业的价值观和规范标准上来。在不同国家、民族和地区之间，文化上的区别要比其他生理特征更为深刻，它决定着人们独特的生活方式和行为规范。文化环境不仅建立了人们日常行为的准则，也形成了不同国家和地区市场消费者态度和购买动机的取向模式。

（二）SWOT 分析矩阵

组织按照这种方法分析自身的优势和劣势，分析外界的机会和威胁，把环境分析结果归结为 SO、WO、ST 和 WT 四种战略，形成环境分析矩阵。

（1）SO 战略（优势＋机会，具有杠杆效应）。杠杆效应产生于内部优势与外部机会相互一致和适应时。在这种情况下，组织可以用组织自身内部优势撬起外部机会，使优势与机会充分结合并发挥出来作用。然而，机会往往是稍纵即逝的，因此组织必须敏锐地捕捉机会、把握时机，以寻求更大的发展。

（2）WO战略（劣势＋机会，具有抑制性）。抑制性意味着妨碍、组织、影响与控制。当环境提供的机会与组织内部资源优势不相适合，或者不能相互重叠时，组织的优势再大也将得不到发挥。在这种情况下，组织就需要提供和追加某种资源，以促进内部资源劣势向优势方面转化，从而迎合或适应外部机会。

（3）ST战略（优势＋威胁，具有脆弱性）。脆弱性意味着优势的程度或强度的降低、减少。当环境状况对公司优势构成威胁时，优势得不到充分发挥，出现优势不优的脆弱局面。在这种情况下，组织必须克服威胁，以发挥优势。

（4）WT战略（劣势＋威胁，具有问题性）。当组织内部劣势与组织外部威胁相遇时，组织就面临着严峻挑战，如果处理不当，可能直接威胁到组织的存亡。

二、SWOT分析模型在战略形成中的应用研究

SWOT代表企业优势、劣势、机会和威胁。因此，SWOT分析实际上是将对企业内外部条件各方面内容进行综合和概括，进而分析组织的优劣势、面临的机会和威胁的一种方法。SWOT分析法是一种最常用的企业内外部环境条件战略因素综合分析方法。

SWOT矩阵能帮助企业的经理们识别和制定四种战略: SO战略（优势—机会战略）、WO战略（劣势—机会战略）、ST战略（优势—威胁战略）和WT战略（弱势—威胁战略）。企业SWOT分析最难之处就在于将外部

环境和内部条件结合起来分析，这不仅需要扎实的理论功底和丰富的实践经验，还需要对战略有直观的判断且不遵循固定模式。

（一）优势与劣势（SW）分析

当两个企业处在同一市场，或者说它们都有能力向同一顾客群体提供产品和服务时，如果其中一个企业有更高的盈利率或盈利潜力，那么，我们就认为这个企业比另外一个企业更具有竞争优势。换句话说，所谓竞争优势是指一个企业超越其竞争对手的能力，这种能力有助于实现企业的主要目标——盈利。但值得注意的是：竞争优势并不一定完全体现在较高的盈利率上，因为有时企业更希望增加市场份额，或者多奖励管理人员或雇员。

由于企业是一个整体且竞争优势来源具有广泛性，在做优劣势分析时必须从整个价值链的每个环节上，将企业与竞争对手做详细的对比，如产品是否新颖、制造工艺是否复杂、销售渠道是否畅通，以及价格是否具有竞争性等。如果一个企业在某一方面或几个方面的优势正是该行业企业应具备的关键成功要素，那么，该企业的综合竞争优势也许就强一些。需要指出的是，衡量一个企业及其产品是否具有竞争优势，只能站在现有潜在用户角度上，而不是站在企业的角度上。

企业在维持竞争优势过程中，必须深刻认识自身的资源和能力，采取适当的措施。因为一个企业一旦在某一方面具有了竞争优势，势必会吸引到竞争对手的注意。一般来说，企业经过一段时期的努力，建立起某种竞争优势；然后，该企业就处于维持这种竞争优势的态势，竞争对手开始逐渐做出反应；尔后，如果竞争对手直接进攻企业的优势所在，或采取其他更为有力的策略，就会使这种优势受到削弱。而影响企业竞争优势的持续时间，主要是三个关键因素：第一，建立这种优势要多长时间。第二，能够获得的优势有多大。第三，竞争对手做出有力反应需要多长时间。如果企业分析清楚了这三个因素，就会明确自己在建立和维持竞争优势中的地位了。

（二）机会与威胁（OT）分析

随着经济、社会、科技等诸多方面的迅速发展，特别是经济全球化、一体化过程的加快，全球信息网络的建立和消费需求的多样化，企业所处的环境更为开放和动荡。这种变化几乎对所有企业都产生了深刻的影响。正因如此，环境分析成为一种日益重要的企业职能。

环境发展趋势分为两大类：一类表示环境威胁，另一类表示环境机会。环境威胁指的是环境中一种不利的发展趋势所形成的挑战，如果不采取果断的战略行为，这种不利趋势将导致公司的竞争地位受到削弱。环境机会就是对公司行为富有吸引力的领域，在这一领域中，该公司将拥有竞争优势。

对环境的分析也可以有不同的角度。比如，一种简明扼要的方法就是 PEST 分析：即从政治（法律）、经济、社会文化和技术的角度分析环境变化对本企业的影响。政治（法律）因素包括垄断法、环境保护法、税法、对外贸易规定、劳动法、政府稳定性。经济因素包括经济周期、GNP（Gross National Product，国民生产总值）趋势、利率、货币供给、通货膨胀、失业率、可支配收入、能源供给、成本等。社会文化因素包括社会稳定性、生活方式的变化、教育水平、消费等。技术因素包括政府对研究的投入、政府和行业对技术的重视度、新技术的发明和进展、技术传播的速度、折旧和报废速度等。

哈佛大学教授迈克尔·波特的名著《竞争战略》中，提出了一种结构化的环境分析方法，有时也被称为"五力分析"。他选取的五种环境要素如下：

潜在竞争者进入的能力：进入本行业有哪些壁垒？它们阻碍竞争者的作用有多大？本企业怎样确定自己的地位（自己进入或者阻止对手进入）？

供货商的议价能力：供货商的品牌或价格特色、在供货商的战略中本企业的地位、供货商之间的关系、从供货商之间转移的成本等，都影响企业与供货商的关系及其竞争优势。

买方的议价能力：本企业的部件或原材料产品占买方成本的比例、各买方之间是否有联合的可能、本企业与买方是否具有战略合作关系等。

替代品的威胁：替代品限定了公司产品的最高价。替代品对公司不仅有威胁，也可能带来机会。企业必须分析替代品给公司的产品或服务带来的是"灭顶之灾"呢，还是提供了更高的利润或价值。购买者转而购买替代品的转移成本是多少？公司可以采取什么措施来降低成本或增加附加值，以降低消费者购买替代品的风险？

现有企业之间的竞争：行业内竞争者的均衡程度、增长速度、固定成本比例、本行业产品或服务的差异化程度、退出壁垒等，决定了一个行业的内部竞争的激烈程度。

显然，最危险的环境是进入壁垒低、存在替代品、由供货商或买方控制、行业内竞争激烈的产业环境。下面将以一个具体例子对 OT 分析进行阐释。

皇冠公司是一家中美合资企业，主要业务是装配及销售中小型压缩机和制冷机组。公司有大约 60 名员工，其中总经理为澳大利亚人，在中国居住长达 8 年，市场销售部由 1 名总监、2 名地区经理、5 名销售工程师及 2 名技术工程师组成。皇冠的客户主要是 OEM（Original Equipment Manufacture，原始设备制造商）厂商及经销商，每位销售人员都要直接与用户和经销商打交道。皇冠公司管理层在管理会议上探讨下一步的工作重点，讨论得出的结论有多种。

　　一种认为应当将团队的组织架构及执行力作为主要考虑因素，认为公司的主要问题在人力资源方面：由于管理层缺乏经验，造成了部门员工的职责不清、责任感不强、战斗意志较弱等问题，所以加强员工组织建设应是首要工作。因此他们提出，皇冠公司在战略上首先要增加人力资源部门的人手，加强对销售队伍的管理。第二是要建立强大的售后服务队伍，在得到客户反馈信息后及时反应。第三是加强分销渠道。在战术上，公司则需要加强零配件库存管理，让管理层持股以强化激励机制。

　　另一种则强调了保持品牌优势的必要性，他们从市场、管理和竞争三个方面进行考虑，并制定了相应的战术。首先是用三个月的时间进行人员培训和团队建设。其次是在主要城市开设办事处，办事处人员以内部培养为主，再利用一个月的时间制定经销商管理方案。最后用两个月时间进行竞争对手调查，成立专门针对中西部地区的技术支持小组。

　　从 SWOT 的分析来看，皇冠公司的优势（S）是公司总体目标及战略清晰，产品线95%齐全，产品质量高、市场认可度高、价格战略被市场接受、库存齐全；劣势（W）是缺少管理人员落实战略，管理人员缺少经验和能力，上海办事处尚无经理且技术工程师、分销人员不足，团队精神差、缺少沟通，职责不清。机会（O）是市场潜力大、国内经济状况好、卖方市场。威胁（T）是竞争对手经销网络齐全、销售额理想，竞争对手市场宣传力度大、经常搞产品讲座及展会，竞争对手销售及服务队伍积极主动，本公司广州市场的销售增速放缓。

　　基于 SWOT 分析，公司管理层得出最终结论是：皇冠公司首先要在北京、上海、广州三地召开大规模的产品发布会，并在杭州、广州各聘用1名销售工程师，在上海聘用1名技术工程师及1名销售经理；然后在北京、上海、广州三个重点区域发展10家经销商，再发展 8～10 家大 OEM 厂商。

　　有人说："作为一种分析工具，SWOT 本身并没有实用价值，它的价值来自进行 SWOT 分析之后产生的结果，更来自随后对症下药式的解决方案。"

第三章　市场调研管理

第一节　市场调研概述

确立营销决策，首先要建立科学的市场信息系统。在大多数的企业改变或是制定新的营销策略的过程中，起着非常关键的先导性作用的环节就是市场调研。市场调研是一种通过特定信息将消费者（顾客、客户和公众）与营销者（生产商、销售商）联系起来的手段，这就是美国市场营销协会对市场调研的定义。

一、市场调研在营销中的作用和意义

《礼记·中庸》有云："凡事预则立，不预则废。"说明了市场调查的重要性。为建立和保持与目标市场之间的互利交换关系，而对设计方案进行分析、执行和控制以便实现企业的目标，这就是我们所说的市场营销。市场调查的内容基本包含了市场营销的全过程，包括确定市场营销调查目标与功能、调查方法、调查机构，进行调查控制、资料整理与分析、销售预测等。其作用和意义表现在以下几个方面。

（一）满足企业开发新产品、开拓新市场的需要

在日益激烈的社会竞争中，企业要想生存和发展，就需要不断地开发

出新的产品,开拓新的市场,为自己的产品和服务推广创造更多的发展机会,这就需要对消费者进行调查,掌握消费者的偏好、消费者的需求、消费者偏好的变化及消费趋向、期望的产品价值等。企业根据市场调查的情况,设计出满足消费者需求的产品、制订营销计划,能使企业的营销效果再次出现新的高潮。

(二)提高企业的竞争能力

企业要在竞争中处于有利的地位,归根结底就是要及时掌握有效的信息。信息的时效性和有效性就特别重要。要想获取最新的信息,并及时地掌握信息动态,这就需要进行市场调查,通过调查到有利用价值的信息。"我们始终坚持不懈地致力于开发消费者自身及其需求的深度理解并将其转化为我们的竞争优势"是宝洁公司的信条之一。要想获得信息资源,对于流动性不强的企业来说,就必须依赖于自身的调查。

(三)帮助跟踪产品品质和顾客满意度

顾客的满意度是企业成功占领市场的前提,要想留住目标客户、增加企业的收益,就要有优质的产品质量,才会有顾客的满意度。这就要通过市场调查来获取产品质量反馈和顾客的满意度等信息。通过市场调查,企业可以了解客户的真正需求,更加客观准确地判断产品的质量,了解客户偏好哪些类型和形式的产品,并将其作为企业决策的依据。

二、我国企业市场调查的现状

(一)缺乏市场调查理念

我国大多数企业在做营销决策时,缺乏市场调查理念,不习惯通过调查了解现有的市场情况,而是凭借多年的经验,对市场进行直观、感性的判断。但是在国外，市场调查是常规步骤，国外企业在每一次营销决策前都要进行市场调查。

（二）数据收集方法、分析方法落后

现如今，人们的生活、学习、工作等，都是通过互联网实现的，可是我国多数的市场调查公司，在进行市场调查时仍然是通过传统的方法收集数据，并没有利用互联网的优势开展此项工作。如相关分析、回归分析、列联表分析、因子分析等传统调查数据分析方法，仍是大多数市场调查公司所采用的主要数据分析方法，而一些先进的数据分析方法，如正交分析法等，并没有得到广泛应用。

（三）缺乏专业人才

目前，一些统计学、经济学、计算机等专业的具有本科以上学历的人员，毕业后从事了本土的市场调查与研究机构的工作，但其中很多人员工作经验欠缺，大部分的企业也缺乏业内的权威人士。而市场调查研究行业的业务具有高度专业性，市场进入的技术障碍较高，因此，专业人才的缺乏成为制约该行业发展的重要因素。

三、营销决策中市场调查的应用

基于买方市场对企业提出的客观要求，企业走向成熟的重要标志就是要重视市场调查。

（一）规范市场调研的步骤

市场调研的步骤总结为不可分割的四个阶段：准备、收集资料、分析和总结。这四个阶段具有渐进性。市场调研的准备阶段是开展市场调研工作的前提，需要确定调研的任务、设计调研的方案、组建调研的队伍等。

前期的准备工作是进入市场调研的决策、设计、筹划阶段。运用科学的方法系统地收集被调查对象的信息是市场调研收集资料最主要的任务，市场调研活动中最为重要、投入较大的阶段即收集资料的阶段。收集资料是进入分析阶段的前提，将市场收集资料阶段取得的资料进行鉴别与整理，并统计分析出整理后的市场资料，进行理论研究，是分析阶段的主要任务。一个步骤规范的市场调研的最后一个阶段就是总结阶段，撰写市场调研报告、总结调研工作、评估调研结果等是这一阶段的主要任务。

（二）产品生命周期中的市场调查

在产品开发阶段，企业可以利用市场调查的方法来挖掘各种新产品和创意，从内部、外部建立起产品创意库，对每个充满创意的产品进行各种评估，基于真正有前途的新的想法形成及时的产品。在产品引进期，需要按目标客户的需求进行市场调研来确定广告媒体、广告内容和广告策略，使产品尽快为目标客户所接受，打开市场。在产品的增长期，需要调查竞争对手，包括竞争对手产品的调查、竞争对手价格的调查和竞争对手销售渠道的调查、竞争对手弱点和相对优势的分析，从而选择正确的营销策略。在产品成熟期，可采取调整营销策略、调整市场、调整营销组合、融合策略，以提升市场竞争力。因此，对潜在的竞争对手，通过对本企业产品替代品的现状调查和发展趋势调查，可以获得明确的威胁和挑战的信息，进而对产品的发展方向、产业参与等做出准确的决策，未雨绸缪。在产品衰退期，企业可以决定让产品适时退出市场，这时可以对市场上现有产品进行市场占有率调查，并设计替代产品或开发新产品，以保证企业的可持续发展。

（三）产品、价格、渠道决策中的市场调查

企业要真正地了解产品的特性和消费者的消费需求，就要全面地对产品的品质、造型、包装、服务等进行市场调查和分析，以市场信息为依据，进行产品的定位。关于价格的调查，大多数的企业采用的是问卷调查，通过访问的方式在市场上进行调查，来了解消费者对产品价格的接受度以及消费者心目中的理想价格。也有部分企业让消费者在多个测试样品中进行选择，即将市场上主要品牌和不同价格水平组合为多个测试样品，以此模拟价格变动对消费者的品牌取向产生的影响，这就是市场调查中采用的实验法。渠道调查是指通过调查产品、调查市场、调查消费者的购买行为、调查企业自身等诸多因素，将这些信息收集起来，和之前调查得到的产品的品质定位、价格定位等综合起来，再考虑中间商的因素，即深入调查与中间商合作的可能性、所付费用、中间商能够提供的服务等，在此基础上选择出正确的营销渠道。针对不同的因素，有不同的调查对象，例如，通过调查产品质量、价格、技术复杂程度，可以确定产品自身因素；通过调查市场区域范围大小、顾客集中程度等，可以确定市场的因素；通过消费者的购买频率、购买量等，可以确定购买行为因素；通过推销渠道管理能力及市场经验等，可以确定企业自身因素。

（四）促销决策中的市场调查

整个营销活动中，企业达成营销目标最有效的策略之一就是促销，这是在营销活动中非常重要的一个环节。企业在促销上要花费大量经费，而且促销的方式多种多样，不能盲目地进行促销。像广告投放、公共关系维护、人员推销等都是常见的主要的促销方式。企业要实施有效的促销推广活动，就要求通过市场调查对市场、消费者、竞争对手等情况以及促销的结果进

行明确把握，以便营销决策者对促销方式做出正确的决策。

由于市场调研的运用，营销决策者在营销决策中有了可靠的依据，从而为科学性的决策提供了保证。但是由于在调研过程中抽样误差和非抽样误差的存在，调研结果难免会出现误差，因此，调研不是准确地给出决策的方案，只是为营销决策提供所需要的信息。

第二节　撰写市场调研项目规划书

项目组在策划好调研项目的实施方案后，需要撰写一份市场调研项目规划书，也可以称作市场调研项目策划书，或市场调研项目计划书。本节将给出某休闲服装市场调研项目规划书，并就规划书的制作技术进行分析讨论。

一、某休闲服装市场调研项目规划书概要

做好项目方案策划之后，项目经理要撰写项目规划书，还安排了一名调查员协助完成。

调查员：我们已经策划好实施方案了，大家也都知道怎么做了，为什么还要撰写市场调研项目规划书呢？

项目经理：服饰公司提出要求，在开始调查之前，我们要递交一份市场调研项目规划书。规划书经公司认可后，我们双方要签订协议。

调查员：我明白了，市场调研项目规划书相当于承担者与委托方之间的一种协议。

项目经理：不仅如此，规划书编制的过程也是我们加深对调研项目理

解的过程。规划书可以帮助和指导我们开展调研工作，使调研工作处于可控制中。

项目经理在调查员的协助下，完成了市场调研项目规划书的撰写，其概要如下：

（一）前言

调研公司通过多次与服饰公司沟通，就休闲服装市场调查达成了共识。目前，我国休闲服装市场品牌众多，市场竞争激烈，但另一方面，整个市场又存在以下问题：第一，品牌定位不清晰。第二，产品款式同质化现象严重。第三，产品版型差距大。第四，市场推广手法雷同；等等。服饰公司能否对目前的市场环境有一个清晰的认识、能否在目前的市场竞争状态下找到市场空间和出路，取决于能否采取正确的市场定位和市场策略。只有对市场进行深入的了解与分析，才能确定产品定位，制定价格策略、渠道策略、促销策略，使产品成功进入市场。在本次调查中，调研公司将集中优势资源，严格把控调研质量，科学实施调研流程，确保调研的顺利完成。

（二）调研目的

（1）通过市场调研，为 ×× 品牌寻找新的市场空间和出路。

（2）通过市场调研，了解目前休闲男装市场的竞争状况和特征。

（3）通过市场调研，了解竞争对手的市场策略和运作方法。

（4）通过市场调研，了解休闲男装市场的渠道模式和渠道结构。

（5）通过市场调研，了解休闲男装市场消费者的消费习惯和偏好。

（6）通过市场调研，了解休闲男装市场的品牌竞争。

（7）通过市场调研，了解消费者对休闲男装产品的认知和看法。

总之,本次调查最根本的目的是真实地反映休闲服装市场的竞争状况,为××品牌的定位及决策提供科学的依据。

(三)调研内容

1. 宏观市场调查

(1)休闲服装市场的动态及市场格局。

(2)休闲服装细分市场的竞争特点和主要竞争手法。

(3)休闲服装细分市场的发展和市场空间。

(4)休闲服装细分产品的流行趋势研究。

(5)休闲服装细分市场知名品牌的优劣势分析。

(6)主要休闲服装企业分析和研究。

2. 代理商调查

(1)代理商对新兴市场的看法。

(2)代理商对不同风格休闲品牌的看法。

(3)代理商对市场空间和产品机会的看法。

(4)代理商对新品牌的市场定位的建议。

(5)代理商的市场运作手段和方法。

(6)代理商对产品、价格、款式、种类的需求。

(7)代理商对厂家合作的建议和要求。

(8)代理商对产品组合、市场推广的建议。

(9)代理商目前的市场运作状态与潜在需求之间的差异。

3. 零售商调查

(1)零售商对不同品牌休闲风格的看法。

(2)零售商对当地休闲服装市场的看法。

（3）零售商对产品、价格、款式、种类等的需求及与现有状态间的差距。

（4）不同零售点的产品组合差异性。

（5）当地零售市场的主要竞争手段。

（6）该店销售得好的款式及其原因分析。

（7）该店产品的价格组合方式。

4. 消费者研究

（1）产品调查

①消费者对目前休闲服装产品的评价。

②消费者对产品质地的偏好趋势。

③消费者对休闲服装风格的偏好趋势。

④消费者对休闲服装款式的偏好趋势。

⑤消费者对产品组合的要求。

⑥消费者对产品色彩的偏好趋势。

⑦消费者对产品图案的选择和爱好。

（2）购买行为调查

①消费者购买什么类型的休闲服装（What）。

②消费者为何购买（Why）。

③消费者何时购买（When）。

④消费者何处购买（Where）。

⑤消费者是谁（Who）。

⑥消费者如何购买（How）

（3）影响因素调查

①卖场氛围对消费者购买行为的影响程度。

②影响消费者购买行为的最主要因素。

③品牌对消费者购买行为的影响程度。

④风格对消费者购买行为的影响程度。

⑤价格对消费者购买行为的影响程度。

（4）品牌调查

①休闲服装品牌知名度测试。

②休闲服装品牌认知度测试。

③休闲服装品牌满意度测试。

④××品牌联想测试。

（5）广告信息调查

①消费者获取信息的主要渠道。

②消费者获取休闲服装信息的主要渠道。

③目前休闲服装信息的主要传播点。

④媒介接受对称性分析。

（6）消费者对竞品的态度调查

①消费者对竞争对手风格的认知。

②消费者对竞争对手产品的了解程度。

③消费者对竞争对手价格的接受程度。

④消费者对竞争对手利益点的接受程度。

（7）样本的构成调查

①抽样样本的年龄构成。

②抽样样本的职业构成。

③抽样样本的文化程度构成。

④抽样样本的家庭收入构成。

⑤抽样样本的性别构成。

（四）问卷设计思路

（1）问卷结构主要分为说明部分、甄别部分、主体部分、个人资料部分；同时，问卷还包括访问员记录、被访者记录等。

（2）问卷形式采取开放性和封闭性问题相结合的方式。

（3）问卷逻辑采取思路连续法，即按照被调查者思考问题的逻辑和对产品了解的程度来设计。

（4）主要问题的构想以获取消费者单位与职业、过去购买的休闲服装风格、最近购买的休闲服装品牌等信息为目的。

（五）调研区域

以下区域作为调查的主要区域：广东省的广州、深圳、中山三座城市；省外的海口、福州、上海、杭州、成都五座城市。

调研区域点的分布原则上以当地的商业中心为焦点，同时考虑一些中高档生活小区；各个区域要求覆盖以下调研点，以保证样本分布的均匀性和代表性（具体地点由督导到当地了解后决定）。

（1）商业中心区域。

（2）代理商经销点。

（3）大型商场休闲柜组。

（4）休闲服装专卖店。

（六）调研方法与样本量设计

1.消费者抽样方法

采用便利抽样和配额抽样的方法。本次调查将在各个城市的街头或商业场所邀请过往或停留的消费者参与休闲服装市场的产品测试；按照年龄层把总体样本分为若干类组，实施配额抽样。

2. 经销商、零售商调研方法

本次调查的深度访谈由调研公司有经验的调研人员按照调查提纲来进行，以了解相关信息。另外，本次调查将通过在商业场所观察不同品牌的销售情况和消费者的购买情况，获得市场信息。

（七）分析方法

对问卷进行统一的编码、数据录入工作。编码由编码员对已完成的问卷建立答案标准代码表（简称码表），今后进行问卷编码；选择不同地区、不同层次的访问来建码表。数据录入电子表格中，并对数据进行电脑逻辑查错、数据核对等检查。用 SPSS 或 Excel 工具对问卷进行数据分析。将采用聚类分析法分析被访者的背景、消费习惯、生活方式、个性等；采用因子分析法分析影响消费者购买的原因、品牌差异性等影响；采用相关分析法分析消费者消费、评价品牌、产品与品牌、产品特性之间的内在关系；采用 SWOT 分析法分析品牌的内在环境和外在环境，从而明确优势和劣势，认清市场机会和威胁，这对于策略性决定有很大的指导作用。

（八）组织安排和预算

（1）机构安排及职责：设置项目负责人 1 名，负责项目的规划实施全过程，并对委托方负责；设置项目实施督导人员 7 名，在负责人的领导下组织开展调研工作，负责培训调查员、督导问卷访谈、进行数据资料的整理分析、承担调查报告的撰写任务等；聘用调查人员 70 名，接受培训后，按要求完成问卷访谈工作。

（2）调查员的选拔与培训安排：从某高校三年级学生中选择经济类专业学生 70 名，要求仪表端正、举止得体，懂得一定的市场调研知识，具有较好的调研能力、认真负责的工作精神及职业热情，具有把握谈话气氛的能力。培训内容主要是休闲服饰个体调查问卷访谈要求及技术。

（3）经费预算：包括策划费、交通费、调查人员培训费、公关费、访谈费、问卷调查礼品费、统计费、报告费等（具体金额等略）。

（九）附件

包括了聘用调查员承诺书、调查问卷、调查问卷复核表、访谈提纲、质量控制办法等（具体内容略）。

二、市场调研项目规划书撰写方法

某调查员协助项目经理完成项目规划书之后，非常想了解撰写调研规划书的一些技巧，希望自己今后也能够独立完成项目规划书的写作。于是，他请求项目经理介绍一些规划书撰写的技巧和注意的事项。

某调查员：经理，调研项目规划书都要包括以上九项内容吗？

项目经理：基本上是这样，有时也允许灵活整合。不管怎样划分标题，这些内容通常都要包含进来，有的规划书详细一些，有的可能简单一些。这需要考虑委托方的意愿。

某调查员：您能就我们完成的规划书具体讲一下吗？

项目经理：规划书中，调查目的的陈述有时可以在前言中表达；研究范围与方法需要明确说明，但也可以合并为一部分陈述。

某调查员：调研项目的时间分配有什么经验可以借鉴吗？

项目经理：有，你可以阅读一下给出的专门资料，方案策划及规划书的设计约占到25%。

（一）市场调研项目规划书一般格式

上面提供的项目规划书实例基本反映了一般的市场调研项目规划书的

格式，一个完整的市场调研项目规划书通常包括八项内容，具体如下：

（1）概要或前言。它概述规划书的要点，提供项目概况。

（2）背景。它描述和市场调研问题相关的背景。

（3）调查目的和意义。它描述调研项目要达到的目标，调研项目完成产生的现实意义等。

（4）调查的内容和范围。给出调研采集的信息资料的内容，调查对象范围的设定。

（5）调查采用的方式和方法。给出收集资料的类别与方式，调查采用的方法、问卷的类型、时间长度、平均会见时间、实施问卷调查的方法等。

（6）资料分析及结果提供形式。它包括资料分析的方法、分析结果的表达形式、是否有阶段性成果的报告、最终报告的形式等。

（7）调查进度安排和有关经费开支预算。

（8）附件。包括设计的问卷、调查表等。

（二）市场调研项目规划书撰写技巧

1. 调研目标的陈述

这项内容实际上就是研究项目与主题的简洁表述，在此部分，可以适当交代研究的来龙去脉，说明方案的局限性以及需要与委托方协商的内容。有时这部分内容也放在前言部分。

2. 研究范围

为了确保调查范围与对象的准确、易于查找，在撰写规划书的时候，研究范围一定要陈述具体明确、界定准确，能够运用定量的指标来表述的一定要定量化，要说明调查的地域、调查的对象，解决"在何处""是何人"的问题。

3. 研究方法

为了顺利地完成市场调研任务，要对策划的调研方法进行精练准确的陈述，解决"以何种方法"进行调查并由此取得什么资料的问题。具体撰写中，对被调查者的数量、调查频率（是一次性调查还是在一段时间内跟踪调查）、调查的具体方法、样本选取的方法等要进行详细的规定。

4. 研究时间安排

实践中，各阶段所占研究时间比重可以酌情分配与安排。

5. 经费预算

一般市场调研经费大致包括资料费、专家访谈费、谈场地费、交通费、调研费、报告制作费、统计费、杂费、税费和管理费等。比重较大的几项费用为交通费、调研费、报告制作费、统计费，依调研的性质不同而有一定的差异。为保证问卷的回收量及其他调研类型被调查者的配合度，往往还要支付一定的礼品费，不过礼品的发放不能使被调查者改变自己的态度，不能影响调研结果的可信度。

6. 研究人员预算

研究人员预算要陈述清楚不同类型研究人员的配比问题。主要需要市场分析、财务分析、访谈人员等专业人士，可以根据具体的项目适当调整各类人员的配合关系。

（三）撰写项目规划书需要注意的问题

1. 重视规划书的制作

一份完整的调研项目规划书，上述内容均应涉及，不能有遗漏。而且，规划书的制作必须建立在对调研项目背景的深刻认识上，尽量做到科学性与经济性相结合。格式可以灵活，但规划书一般应由项目负责人来完成。

2.进行方案的可行性研究

规划书制作好之后，应当从逻辑的层面对方案进行把关，考查其是否符合逻辑和情理；通过组织一些具有丰富市场调查经验的人士，对设计出来的市场调研方案进行初步研究和判断，判断方案的合理性和可行性；通过在小范围内选择部分单位进行试点调查，对方案进行实地检验，验证方案实施的可行方式。

3.对调查方案进行总体评价

一般情况下，对项目规划书从四个方面进行评价，即是否体现调查目的和要求、是否具有可操作性、是否科学和完整、是否具有高质量的调查效果。

三、调研项目规划书的提交

规划书制作好以后，项目经理将规划书提交给服饰公司审阅。双方就有关问题进行了一些探讨：

委托方：我认真研读了调研项目规划书，规划书内容比较完整，达到了我们的要求。但是，一些技术性问题需要咨询交流一下，可以吗？

项目经理：非常愿意回答您的问题，希望我的回答能使您满意，消除您和贵公司的疑虑。

委托方：调研项目的实施中，有大量的问卷调查资料需要依靠聘用的调查员实地访谈收集，您采取什么措施保证它的真实可靠性呢？

项目经理：您可以看到，规划书中特别强调了选择访谈员的标准与培训的计划，我们已经考虑到访谈员收集原始资料的重要性，这项工作的质量对整个调研的成败有很大影响，因此，专门制订了对访谈员的培训计划，您阅读一下附件中提供的招聘与培训计划资料，可以看到规划书非常强调访谈员需要具备必要的调研知识、应变的能力，规定了书面训练和口头训练的形式和内容。

委托方：你们关于市场背景的调研资料就是规划书中用到的内容吗？调研阶段，还需要继续收集这方面的资料吗？

项目经理：我们现在收集的资料多数是了解项目宏观背景的资料，基本上通过文献检索、查询贵公司提供的历史资料获得。调查工作开始后，重点是收集原始资料，问卷访谈工作比较多，但是，仍然需要收集一些涉及现状、背景的资料进行充实，而且会通过访谈资料提炼一些信息。

委托方：在您的带领下，您的团队在开展市场调研工作时把握的主要原则是什么？

项目经理：我想应当遵循科学性与客观性，要求调研人员自始至终持客观的态度去寻求反映事物真实状态的准确信息，正视事实，接受调查的结果。不允许带有任何的个人主观意愿或偏见，也不应受任何人或管理部门的影响或"压力"去从事调研活动。调研人员的座右铭应该是"寻找事物的本来面目，说出事物的本来面目"。

委托方：关于调研项目规划书的问题已经没有什么问的了，但是，我还想咨询一些别的问题，可以吗？

项目经理：当然可以，我会尽可能地为您服务。

委托方：我们这次委托您和您的团队进行市场调研，我相信肯定会对公司新产品的推出有非常大的帮助。但我想知道，如果不进行这项调研工作，直接进行营销公关活动会产生什么问题？

项目经理：我举个例子来说明吧。A企业的业务员小张通过别人介绍认识了某地的准客户谢某，便直接上门拜访。初次见面，他将A企业的简介、产品、政策向客户做了详细介绍，但谢某听后淡淡地说："你们的企业和产品不错，不过另一个企业的产品价格比你们低，所以你的产品我无法销售。再加上市场前景无法预测，我们还是有机会再合作吧。"小张无功而返。A企业另一位经验丰富的业务员小李，他先侧面对谢某公司做了全面了解，然后就开始在市场上进行详细调研，形成了一份完备的方案。拿着这份方案去拜访谢某，从分析谢某所在市场的基本情况，如人口数量、市场规模、消费水平、市场结构等，到分析竞争企业的产品情况，如价格、政策、主要销售区域、存在的问题及销量分析等，再到阐述A企业和产品的定位，以及其产品与竞争企业产品相比的优劣势所在等，最终促成了谢某与A企业的合作。

同样的企业、同样的产品与资源、同样的开发对象，小张的客户开发为什么会失败？原因就在于他只是就产品而推产品，就企业而推企业，这样没有新意的客户开发形式难怪会遭到客户拒绝。而小李之所以能够开发成功，就在于他前期做了充分的准备工作，通过市场调研，向客户提供了一套行之有效的、完整的市场推广方案。客户看到这么有吸引力和可操作性的方案，不心动才怪！

委托方：开展调研工作确实有用，知己知彼，才能百战不殆呀。您能给我介绍一下选择市场调研专业机构的渠道吗？

项目经理：可以。这些资料您可以从协会出版物和其他销售研究部门获得。另外，其他的来源渠道有：第一，全国性的工商管理机构和工商业咨询协会，以及他们的出版物、企业名录等。第二，各驻外使馆的商务处，这是寻找境外调研代理机构的常用渠道。第三，诸如国际贸易促进会之类的国际性机构和组织。第四，广告代理公司。第五，市场所在地的进口商、批发商和经销商。

委托方：再请教您一个问题，选择专业的调研机构应当注意哪些问题呢？

项目经理：首先要关注他们经营的业务范围，因为各个调研与预测的主体所承办的调研类型、所能提供的服务性质都不相同，有些机构专门从事某些产业部门范围内的调研，有些机构则专门从事消费者、广告动机等方面的调研，在各个方面都很擅长的机构是很少的。其次，您可以让这些机构提供反映调研代理机构的声誉、业务能力和专业人员的水平、资历、营业方式与财力、工作设施状况等资料，供您进行考察。您还可以请拟选调研公司提供调研建议书，用以进一步考证项目适应性。

委托方：您认为怎样才是一个好的市场调研工作者呢？

项目经理：我引用几个企业主管人员的实际感言来说明这一问题吧。其一，某公司市场总监。他说："我手下原先有个业务员，人很勤快，也很聪明，就是没什么工作经验，虽然经过培训，但好像效果不大。后来我自己拜访客户时就把他带上，让他跟我一起跑市场。我写市场调研方案时也会让他出出主意，说说想法。这样几次下来，他很快就上道了。现在他已经成为我手下最得力的一名干将。"其二，某企业区域经理。他说："对于缺乏实际操作经验的管理者说，单纯的培训和模拟演练很难让他们感同身受，这就需要管理者跟随工作人员一起做市场调查、做推广方案、拜访客户。所谓师父带徒弟，手把手地带一带，比纯粹的纸上谈兵效果要好很多。对于那些新业务人员，我发现有时候说教式的培训效果并不显著。我的方法就是亲自带他跑一跑市场，跟着我一起做市场调研、撰写方案、与客户沟通。"

委托方：非常感谢，我们现在可以签署合作协议了。

项目经理：谢谢。我们一定会尽心工作，为您和贵公司提供满意的服务。

第四章　市场营销与产品策略管理

　　企业营销活动成功与否会受到内外两方面因素的影响，按照企业对这些因素的控制能力通常可将其分为两大类：一类是非可控因素。非可控因素一般为企业的外部因素，主要是指企业所处市场环境的影响。另一类是可控因素。可控因素一般为企业内部因素，主要有产品、价格、分销、促销策略等，对可控因素的把握和利用能够充分体现企业在目标市场上的竞争地位和经营特色。

第一节　营销中的产品组合决策

　　产品组合决策就是企业根据市场需求、竞争形势和企业自身能力对产品组合的宽度、长度、深度和相关性方面做出的决策。

一、市场营销中的整体产品概念

（一）概念

　　市场营销学所研究的产品就是整体产品，整体产品的概念包括三个方面的内容：实质产品（又称核心产品）、形式产品和延伸产品。

1.实质产品（核心产品）

实质产品是指产品的基本需求效用和利益。从根本上讲，每个产品实质上都是为解决问题而提供的服务。例如，消费者购买口红的目的不是得到某种颜色某种形状的实体，而是为了通过使用口红提升自身的形象和气质。

2.形式产品

形式产品是指产品的外在形态，或核心产品借以实现的形式或目标市场对需求的特定满足形式。形式产品一般由五个特征构成，即品质、式样、特征、商标及包装。核心产品必须通过形式产品才能实现。

3.延伸产品

延伸产品是指针对产品本身的商品特性而产生的各种服务保证，也可以理解为顾客购买形式产品和期望产品时，附带获得的各种利益的总和，包括说明书、保证、安装、维修、送货、技术培训等。

（二）产品分类

根据消费者的购买习惯，产品可分为便利品、选购品、特殊品和非渴求物品四类。

（1）便利品（快消品）：指消费者通常购买频繁，希望一需要即可买到，并且只花最小的精力和最少的时间去比较品牌、价格的消费品。

（2）选购品：指消费者为了物色适当的物品，在购买前往往要去许多家零售商店了解和比较商品的花色、式样、质量、价格等的消费品。

（3）特殊品：指消费者能识别哪些牌子的商品物美价廉，哪些牌子的商品质次价高，而且许多消费者习惯上愿意多花时间和精力去购买的消费品。

（4）非渴求物品：指顾客不知道的物品，或者虽然知道却没有兴趣购买的物品。

二、营销中的品牌管理

（一）品牌管理的内涵

什么是品牌？按照知名广告公司奥美的定义，品牌是一种错综复杂的象征。它是品牌属性、名称、包装、价格、历史、信誉、广告方式等无形元素的总称。产品是工厂生产的东西；品牌是消费者所购买的东西。产品可以被竞争者模仿，但品牌则是独一无二的；产品极易迅速过时落伍，但成功的品牌却能经久不衰，品牌的价值将长期影响企业。品牌是消费者对于某商品产生的主观印象，并使得消费者在选择该商品时产生购买偏好。须注意的是，这句话中的"消费者"指的是必定购买者或者有购买能力且有购买意向的自然人；"商品"指的是货币交易的产品，不是以物易物，也不能是赠品，不能是普通产品，一定要是在流通渠道当中存在的；"主观印象"意味着这种想法是主观的，不一定和客观相符；"偏好"可能是排他性的，也可能是替代刚性的，但至少消费偏好曲线的切线是大于零的。对于很多中小型企业来说，品牌内涵在一定程度上反映了企业的文化，所以，对这类型的企业来说，品牌不仅是对外（分销商、消费者）销售的利器，而且也是对内（员工、供应商）管理的道德力量。在营销中，品牌是唤起消费者重复消费的最原始动力，是消费市场上的灵魂。

（二）品牌管理的步骤

品牌管理是个复杂的、科学的过程，不可以省略任何一个环节。下面是成功的品牌管理应该遵守的四个步骤。

1. 勾画出品牌的"精髓"，即描绘出品牌的理性因素

首先把品牌现有的可以用事实和数字勾画出的看得见摸得着的人力、物力、财力找出来，然后根据目标再描绘出需要增加哪些人力、物力和财力才可以使品牌的精髓部分变得充实。这里包括消费群体的信息、员工的构成、投资人和战略伙伴的关系、企业结构、市场状况、竞争格局等。

2. 掌握品牌的"核心"，即描绘出品牌的感性因素

由于品牌和人一样除了有躯体和四肢外还有思想和感觉，所以我们在了解现有品牌的核心时必须了解它的文化渊源、社会责任、消费者的心理因素和情绪因素，并将感情因素考虑在内，再根据要实现的目标，重新定位品牌的核心并将需要增加的感性因素一一列出来。

3. 寻找品牌的灵魂，即找到品牌与众不同的求异战略

通过第一和第二步骤对品牌理性和感性因素的了解和评估，升华出品牌的灵魂及独一无二的定位和宣传信息。人们喜欢去迪士尼乐园（Disney Land）并不是因为它是简单的游乐场所，而是因为人们可以在那里找回童年的梦想和乐趣。所以品牌不是产品和服务本身，而是它留给人们的想象和感觉。品牌的灵魂就代表了这样的感觉和感受。

4. 品牌的培育、保护及长期爱护

品牌的形成相对容易，但品牌的维持是个很艰难的过程。没有很好的品牌关怀战略，品牌是无法成长的。很多品牌只靠花费大量的资金做广告来增加客户资源，但由于不知道品牌管理的科学过程，在有了知名度后，不再关注客户需求的变化，不能提供承诺的一流服务，失望的客户只能无奈地选择了新的品牌，致使品牌昙花一现。所以，品牌管理的重点是品牌的维持。以往人们在谈论品牌时往往想的是产品或企业的商标，但真正的品牌是从信誉牌开始，逐渐进入感情牌的过程，所以品牌维护要思考如何使人们与产品的联结从商标上升到信誉，最后升华到感情。

（三）品牌管理的要素

1. 建立卓越的信誉

信誉是品牌的基础。没有信誉的品牌几乎没有竞争力。中国加入世界贸易组织（World Trade Organization，WTO）后，很多国外品牌同中国本土品牌竞争，凭借的就是信誉。由于国外品牌多年来在全球形成的规范的管理和经营体系，其品牌的信誉度远超过本土的品牌，本土的企业同跨国品牌的竞争起点是开始树立信誉，不是依靠炒作，而要依靠提升管理的水平和质量控制的能力，依靠提高客户满意度的机制和提升团队的素质来建立信誉。这样的背景迫使中国企业马上开始研究客户需求的变化，并不断创新出可以满足他们不同需求、有个性化功能的产品或服务。未来的品牌竞争将是靠速度决定胜负的。只有在第一时间了解到市场变化和客户消费习惯变化的品牌，才可能以最快的速度调整战略，以适应变化的市场环境并最终占领市场。

2. 争取广泛的支持

没有企业价值链上所有层面的全力支持，品牌是不容易维持的。除了客户的支持，政府、媒体、专家、权威人士及经销商等的支持也同样重要。有时候，企业还需要名人的支持并利用名人效应增加企业品牌的信誉。

3. 建立亲密的关系

由于客户需求的动态变化和取得信息的机会不断增加，为客户提供个性化和多元化的服务已成为建立亲密关系唯一的途径。只有那些同客户建立了紧密的长期关系的品牌才会是最后的胜利者。所以国内外的品牌现在都不遗余力地想办法同客户建立直接的联系并维持客户的忠诚度。

4.增加亲身体验的机会

客户购买的习惯发生着巨大的变化。光靠广告上的信息就决定购买的机会已经越来越少了。消费者需要在购买前首先尝试或体验后再决定自己是否购买。所以品牌的维持和推广的挑战就变成了如何让客户在最方便的环境下，不需要花费太多时间或精力就可以充分了解产品或服务的质量和功能。这种让客户满意的体验可以增加客户对品牌的信任并使顾客产生购买的欲望。对于任何品牌而言，衡量品牌四要素的指数均可量身裁定，成为专项指数。这些指数可成为品牌评估的基准线，提供"跟踪"衡量品牌形象变化的依据。品牌管理指数包括信誉指数、关系指数、支持指数和亲身体验指数。

三、营销中的包装管理

一般企业的包装管理，是指对产品的包装进行计划、组织、指挥、监督和协调工作，它是企业管理的重要组成部分。但是，由于企业的产品品种和生产规模等情况不同，因而在包装管理方法和实际应用方面存在着差别。包装管理必须根据企业的具体情况，用最经济的方法来保证产品的包装质量，降低包装成本，促进产品销售。产品包装与企业内部和外部许多部门有关，纵向和横向的联系很多。因此，企业的包装管理是一项综合性的工作，企业的全体职工都要提高对包装管理重要性的认识，加强企业的包装管理工作。企业的包装管理工作的好坏，对企业的经济效益有重要的影响。包装管理工作搞好了，就能保证产品的包装质量、降低产品的包装成本、促进产品的销售，从而提高企业的经济效益。

（一）企业包装质量管理

1. 一般企业的包装质量管理

（1）产品包装质量管理的概念。产品包装质量是指产品的包装能满足产品流通、销售和消费的需要及其满足程度的属性，它具有适用性、可靠性、安全性、耐用性和经济性的特点，产品包装质量通常通过机械、物理、化学、生物学等性能及尺寸、形状、重量、外观、手感等表示。产品包装质量管理就是运用管理功能，为提高产品的包装质量、不断地满足用户需要而建立的科学管理体系的活动。工业企业要把包装的质量标准和用户满意的程度，作为衡量产品包装质量的尺子。产品包装质量管理，包括了产品包装的设计过程、制造过程、辅助生产过程和用户使用过程的管理，并涉及包装材料的质量管理和处理使用过程中发生的问题。

（2）产品包装质量管理的重要作用。产品包装质量的好坏，直接影响着产品质量和产品流通的安全关系到包装产品的价值和使用价值的实现。因此，加强产品包装质量管理，不断提高产品的包装质量，是社会主义生产目的的要求，也是讲求经济效益的重要途径。

产品包装涉及生产包装的部门和使用包装的部门，以及产品流通过程中的商业、交通运输等部门。任何一个环节不重视质量管理，都会出现这样或那样的包装问题。因此，建立健全包装质量管理体系，建立较完备的包装质量监督网，是做好产品包装质量管理的关键。

2. 工业企业产品的包装质量管理

工业企业产品的包装质量管理必须建立一套严格的包装质量管理体系。包装质量管理体系是根据产品包装质量保证的要求，通过必要的手段和方法，把企业各个部门、各个环节组织起来，明确规定它们在包装质量管理方面的职责和权限，使包装管理工作贯穿企业生产经营活动的全过程。一方面，可以把包装质量保证的具体工作落实到各有关部门，在企业内部形成严密而有效的管理体系，从而在组织上保证产品的包装质量。另一方面，各部门在统一领导下，互通情报、相互协作，共同保证和提高产品的包装质量，在企业生产经营活动的各阶段、各环节之间进行质量信息反馈。质量信息反馈包括"厂内反馈"和"厂外反馈"两种，它们在体系中循环不止，每经过一次循环，产品的包装质量就可能前进一步。为此，要落实以下主要措施：

（1）建立严格的质量责任制，规定企业的每一个部门、每一个职工对产品质量和产品包装质量的责任，明确分工，使质量工作事事有人专责，办事有标准，工作有检查，形成一套严密的包装质量管理责任系统。要严格按产品质量标准、包装标准和用户要求，进行产品的设计、生产和包装。

（2）建立健全产品包装质量的检验制度。加强包装质量管理，必须设立专门的检查机构，配备专职检验技术人员，建立一套严格的包装质量检验制度，同时规定包装质量检验人员的权利和职责范围，不合格的产品包装，坚决不准出厂。

（3）运用科学的质量控制统计方法。正确运用这种方法，可以从工序上控制产品包装质量，判断生产过程是否正常，及时发现消除造成产品包装质量不稳定的因素，预防产品不合格包装的产生，提高产品包装的合格率。而且，可以进一步探讨产品包装质量变异的原因，及时采取措施，加强控制，不断提高产品的包装质量。

3. 流通领域质量管理

产品的包装质量还直接关系到消费者的利益，如果其质量低劣就不能保证产品流通的安全。因此，商业、运输部门应严格检验产品的包装质量，与生产部门紧密配合，抓好产品包装质量管理工作。一方面要保证产品包装以良好的状态进入消费过程，另一方面要保证产品包装在消费中有良好的使用效果。

（1）实行质量监督。商业、物资等部门收购产品时，要把检验产品包装质量与产品质量放在同样重要的地位，严格按技术标准进行检验。对产品包装质量不合格者，拒收或限期改进，严格把好质量关。同时，产品购销合同必须详细签订包装条款，用经济方法明确购销双方对产品包装质量的责任。要严格按标准和合同办事，对包装材料、包装制品结构和物理机械性能达不到要求的，或者包装标志不明的包装应予拒收，督促厂方及时处理和改进。

（2）加强包装货物的储存运输试验。商业、物资和交通运输部门，特别是商业检验机构，要加强对运输包装质量的测试。模拟试验是检验产品包装质量最有效的手段，如跌落、滚动、振动、压力和堆码试验等。要及时测试各种包装的强度和牢度，以确保产品包装在流通中的安全。

（3）促进生产部门的包装改进。商业、物资和交通运输部门，要经常反映用户和消费者对产品包装的意见，做好包装信息的反馈工作；针对产品包装质量存在的问题，提出改进方法；向生产部门积极推荐采用产品包装的新技术和新成果，进一步提高包装的质量。

（4）加强储存运输的质量管理。提倡文明装卸，反对和杜绝野蛮装卸。要按运输包装标志做好货物的装卸和运输交接工作，选择最佳的装卸方式和货物的积载方法。同时，要做好产品的拼装和分装工作，对已散架、散捆、破裂、水浸的包装，应及时加固或更换，以确保产品在流通中的安全。

（二）包装的费用管理与改善方法

1.包装的费用管理

包装费用管理是企业经济管理的一个重要组成部分。它包括包装产品生产单位的包装成本管理和包装产品使用单位的包装费用管理两个方面，在包装管理中占有十分重要的地位。一般企业的包装费用管理，是指对包装产品使用单位的各项包装费用所进行的计划、控制、核算和分析工作。包装费用是产品成本的一部分，包装费用管理是企业包装管理的一项主要内容，其目的就是要挖掘潜力、杜绝浪费。在保证产品包装质量的前提下，不断地降低产品包装费用，达到以最小的支出获得最大收入的效果。

如果一个企业只注重产品的技术方面，而忽视产品包装的经济效果，不仅达不到产品包装的目的、影响企业的经济效益，而且会浪费有限的包装资源。例如，使用远超过产品包装标准要求的包装容器或包装材料对产品进行包装，虽然保护了产品，但由于包装费用开支过高，不仅企业的盈利减少，同时也浪费了包装原材料。所以，一个经济与技术上都比较理想的包装，应该是用最少的包装费用，获得最大的包装效果。特别是运用新的包装技术方法和新的包装材料对产品进行包装，更能减少企业的包装费用。

企业包装费用管理的主要问题,是如何用科学的管理方法和技术措施,尽量降低产品的包装费用。企业包装费用管理的内容包括:包装费用计划、包装费用控制、包装费用核算与包装费用分析。

（1）包装费用计划。企业根据生产计划，包装含量和包装制品价格等资料，用货币的形式，预先规定计划期内各项包装费用的水平及其降低的程度。它是对企业的包装活动进行指导、监督、控制、考核和评价的重要依据，也是降低产品包装费用的重要保证。

（2）包装费用控制。包装费用控制是在产品包装费用形成的整个过程中，通过经常的监督和及时校准偏差，使各种包装费用的支出都限制在包装费用计划的范围内，保证达到降低产品包装费用的目的。

（3）包装费用核算。包装费用核算就是把企业实际发生的各项包装费用按照其用途，进行汇集、分配，计算出产品的实际总包装费用和单位产品的包装费用。正确地组织包装费用核算，不仅可以控制包装费用开支范围，监督各项消耗定额和费用标准的正确贯彻，还可以与计划包装费用比较，了解包装费用计划的执行情况，正确而及时地把增产、节约的经济效益反映出来。

（4）包装费用分析。为了充分发挥包装费用管理的作用，不仅要事先计划、事后核算，而且还要认真做好包装费用分析。对企业包装费用形成情况进行评价、剖析和总结。其目的是确定实际包装费用达到的水平，查明影响包装费用升降的因素，揭示节约浪费的原因，寻找进一步降低包装费用的方向和途径。

2. 改善包装管理的方法

（1）从做好包装管理问题分析入手，形成正确的决策。企业包装管理创新的关键就在于准确把握问题的根本，并对改进包装管理进行有效的决策。尤其值得注意的是把包装管理问题放在企业整个管理体系中进行思考和分析，抓住问题的实质，从而顺利解决包装管理问题。

（2）系统地推进企业包装管理改革和发展。不仅系统地分析企业包装问题，而且采取系统的方法，有计划、有步骤地解决企业包装管理问题。从组织和制度上落实和加强企业包装管理的战略思想，从包装设计和包装管理流程上确定管理的标准和要求，从具体操作上实施分类管理，降低包装管理成本，形成有利于促进销售的包装序列。

（3）应用科学技术提高企业包装管理绩效。企业要注重在包装管理中积极引入现代科学技术，从包装材质、包装设备、包装管理方法等方面进行科学改进，有效提高企业包装管理绩效。

（4）降低成本和增加新价值是企业强化包装管理的基本动力。企业通过加强和改善包装管理实现价值增值，这完全符合现代企业提高增值能力和增值水平的发展趋势。企业价值增值的过程，就包括不断改进包装管理的过程。充分认识包装在现代营销中的价值，是做好企业包装管理的思想基础之一。

（5）企业包装管理是一个系统化的工作。企业必须形成完整的包装管理体系，从组织、制度、方法及技术等方面组成有效的运行机制，才能实现协调运作和统一管理。

（6）根据现代科学技术发展和企业包装需要，进行包装管理的改革。企业包装不能脱离市场需要，不能脱离企业经营需要。就目前情况来说，应把生态环保、可持续发展、分类管理等观念引入包装管理系统，充分发挥高新技术的作用，推进企业包装管理发展。

四、产品组合决策

（一）市场营销产品策略的概念

产品应该是能够被顾客理解并能满足其需求。产品整体包括三个层次：第一，市场营销产品策略的实质层（核心产品），是指产品所具有的功能和效用，是消费者购买产品的目的。第二，市场营销产品策略的实体层（有形产品），这是产品的基础，是消费者通过自己的眼、耳、鼻、舌、身等感觉器官可以接触到、感觉到的有形部分。它包括产品的形态、形状、式样、商标、质量、包装、设计、风格、色调等。第三，市场营销产品策略的延伸层（附加产品），这是对产品意义的延伸，是指购买者在购买产品时所获得的全部附加服务和利益，包括提供贷款、免费送货、维修、安装、技术指导、售后服务等。

产品整体概念可表述为：产品是能够满足消费者特定需求的有形和无形属性的统一体，包含实质层、实体层和延伸层三个必不可少的层次。

（二）市场营销产品策略分类

产品分类方法通常有以下三种：第一，按产品的耐用性和有形性可分为非耐用品、耐用品、服务（劳务）三类。第二，根据消费者购买习惯对消费品进行分类，可将产品分成便利品、选购品、特殊品和非渴求产品。第三，工业品分类，通常按照它们如何进入生产过程及其与产品成本的关系进行分类，可将其划分为原材料和零部件、固定资产、供应品和劳务。

（三）市场营销产品策略组合

（1）市场营销产品策略组合及其相关概念的含义

产品组合，也称产品搭配，是指一个企业提供给市场的全部产品线和产品项目的组合或搭配，即经营范围和结构。

产品线，指互相关联或相似的一组产品，即我国通常所谓的产品大类。产品线的划分可依据产品功能上的相似性、消费上的连带性、供给的顾客群是否相同、分销渠道是否相同，或是否属于同一价格范围等。

产品项目，指市场营销产品策略线（大类）中各种不同品种、档次、质量和价格的特定产品。例如，某商店经营鞋、帽、服装、针织品四大类产品（四条产品线），每大类中又有若干具体品种（产品项目），所有这些产品大类和项目按一定比例搭配，就形成该店的产品组合。

（2）市场营销产品策略组合决策的内容

产品组合决策，一般是从产品组合的宽度、深度和相关性等方面做出决定。产品组合的宽度，指一个企业生产经营的产品大类的多少，即拥有的产品线多少，多则宽，少则窄。产品组合的深度，指产品线中每种产品所提供的花色、口味、规格的多少。产品组合的相关性，指各个产品线在最终使用、生产条件、分销渠道或其他方面的关联程度。

市场营销产品策略组合的三个方面对于营销决策有重要意义。第一，增加产品组合宽度，扩大经营范围，可充分发挥企业各项资源的潜力，提高效益。第二，增加产品组合的深度，可适应不同顾客的需要，吸引更多的买主。第三，产品组合相关性的高低，则可决定企业在多大领域内加强竞争地位和获得声誉。所谓产品组合决策，也就是企业对产品组合的宽度、深度和相关性等方面的决策。

第二节　产品生命周期及影响策略

企业所营销的产品，从产品开发或进入市场销售开始，就需要多次地进行营销战略的修改。其重要原因之一就是产品具有生命周期。

一、营销产品生命的理论概述

（一）产品生命周期简介

产品生命周期（Product Life Cycle，PLC）是指产品从开始进入营销直到退出营销所经历的时间过程。在这一时间过程内，产品的销售量和利润都会发生一定规律性的变化。因此，需要有不同的营销战略。产品生命周期主要描述了四个营销现象：任何产品营销时间是有限的，或者说产品有一个有限的生命期；产品在生命周期内，面对不同的竞争情况；产品在生命周期内的销售量和利润经历有高有低的变化；由于引起产品销售量和利润的变化的市场原因不同，因此需要不同的市场营销战略。或者说，不可能有一个自始至终都能适应不同生命周期阶段的市场营销战略存在。

产品生命周期，按产品在市场上销售量的变化情况划分为四个时期。第一，引入期。在这一时期，销售量增加很慢，产品刚进入市场，需开支巨额的促销费用，利润很小。第二，成长期。产品被市场快速大量接受，销量和利润增加都很快。第三，成熟期。产品已为市场大量接受，增长放慢，销量和利润都达到最大。第四，衰退期。销量急剧减少，利润不断下降直到为负值。

比之销售量的变化，利润的变化使产品生命周期多出一个"开发期"，在开发期，企业是没有销售收入的，负利润是指对新产品开发投资。不是所有的产品都具有"S形"销售变化曲线，根据产品生命周期的不同形态，还会有以下几种形式。第一，风格、时尚与潮流的生命周期形式。产品生命周期要随产品流行方式的不同，会有风格、时尚和时潮三个相互区别的生命周期形式。区分这三种形式的产品生命周期，对于企业解决其"市场跟进"策略有重要的意义。因为对大部分营销企业来说，都不是或很少是首创（也称独创）产品的营销者。因此，营销模仿产品的企业，就只能是市场上的"跟进者"，必须采取正确的跟进策略。第二，品牌。品牌大都是专门代表了某个营销者的产品，而一个特定的营销者又可以在某个品牌下用新的产品取代其原有产品。所以，品牌具有生命周期，但品牌的生命周期是不规则的。

一般地说，品牌具有两种生命周期。第一，成功品牌。具有很长的生命周期的品牌通常为市场名牌。需要指出的是，品牌的成功，不是靠品牌本身，而是要借助高度的市场认可度，对使用此品牌的产品进行创新，才能使一个品牌得以永葆青春。第二，短命品牌，即没能取得市场成功的品牌。

产品生命周期其他形态有三种：

第一，成长—衰退—成熟。即产品进入市场后，很快就有增长，销售量迅速上升，之后，将稳定在一个接受水平上，保持很长时期。之所以销售量可以长期稳定在一个水平上，是因为这种产品的后期购买者才开始购买，而那些早期采用者已在进行第二次购买了。但是，二次购买的规模不如首次购买。像小型办公用家具、厨房用具等有此类情况。

第二，循环—再循环。这种产品生命周期具有两个循环期。如果企业能对进入衰退期的产品进行成功的"市场再营销"活动，如重新促销、改进产品等，可能使一个要衰亡的产品再次进入一个新的生命周期。一般地，如果企业能够为一种产品发现新用途或者寻找到新市场，则可能再次营销成功。

第三，扇形。如果营销者能为产品不断地找到新用户、新市场、发现产品的新功能或用途等，就可使一种产品销售量持续增加。就其中一个用途来讲，虽然其有明显的生命周期变化，但能使总的销售量呈增长态势。

（二）产品生命周期曲线

生命周期曲线的特点：在产品开发期间，该产品销售额为零，公司投资不断增加；在引进期，销售缓慢，初期通常利润偏低或为负数；在成长期，销售快速增长，利润也显著增加；在成熟期，利润在达到顶点后逐渐走下坡路；在衰退期，产品销售量显著衰退，利润也大幅度滑落。

适用范围：S形曲线适用于一般产品的生命周期的描述，不适用于特殊产品的生命周期的描述。特殊产品的生命周期包括风格型产品生命周期、时尚型产品生命周期、热潮型产品生命周期、扇形产品生命周期四种特殊的类型，它们的产品生命周期曲线并非通常的 S 形。

风格是一种在人类生活基本但特点突出的表现方式。风格一旦产生，可能会延续数代，根据人们对它的兴趣而呈现出一种循环再循环的模式，时而流行，时而又可能并不流行。

时尚是指在某一领域里，目前为大家所接受且欢迎的风格。时尚型的产品生命周期特点是，刚上市时很少有人接纳（独特阶段），但接纳人数随着时间慢慢增长（模仿阶段），终于该产品被广泛接受（大量流行阶段），最后缓慢衰退（衰退阶段），消费者开始将注意力转向另一种更吸引他们的时尚。

潮流是一种来势汹汹且很快就吸引大众注意的时尚，俗称时髦。潮流型产品的生命周期往往快速成长又快速衰退，主要是因为它只是满足人类一时的好奇心或需求，所吸引的只限于少数寻求刺激、标新立异的人，通常无法满足更强烈的需求。

扇形产品生命周期主要指产品生命周期不断地延伸再延伸，这往往是因为产品创新或不时发现新的用途。

（三）产品生命周期优缺点

产品生命周期理论的优点：产品生命周期提供了一套适用的营销规划观点。它将产品分成不同的策略时期，营销人员可针对各个阶段不同的特点而采取不同的营销组合策略。此外，产品生命周期只考虑销售和时间两个变数，简单易懂。

其缺点：

（1）产品生命周期各阶段的起止点划分标准不易确认。

（2）并非所有的产品生命周期曲线都是标准的 S 形，还有很多特殊的产品生命周期曲线。

（3）无法确定产品生命周期曲线到底适合单一产品项目层次还是一个产品集合层次。

（4）只考虑销售和时间的关系，未涉及成本及价格等其他影响销售的变数。

（5）易造成"营销近视症"，即认为产品已到衰退期而过早将仍有市场价值的好产品剔除出产品线。

（6）产品衰退并不表示无法再生。通过合适的改进策略，公司可能再创产品新的生命周期。该理论对此予以重复考虑。

二、产品生命周期营销的创新途径

对企业营销经理人员来说，产品生命周期理论最重要的意义在于制定适宜的营销战略。

（一）引入期的营销战略

引入期产品的市场特点是目标市场的绝大部分消费者不熟悉该产品，或对企业生产的产品还缺乏信任或了解，因此，购买者较少。由于购买者较少，销售量很小，增长也较慢。鉴于以上原因，加之企业需要为新产品花费较多的促销费用，且当前生产批量小，因而没有规模经济效益，所获利润也少。但这种状态同时有一个益处，即竞争者还没有加入，竞争不激烈。在引入期，因为顾客面对的是不熟悉甚至是完全不知道的产品，因此营销管理中面对要解决的任务是：一、让潜在或目标顾客知道产品。二、形成渠道能力，使目标顾客就近就能够接触或进一步了解产品。三、促使顾客试用产品。

（二）成长期的营销策略

成长期的市场特点是消费者对产品已经相当熟悉，消费的欲望逐渐增加，加入购买的人越来越多；销售增长很快；营销的利润也以较快的速度增加，产品显示出较大的市场吸引力；竞争者已能看清该产品的市场前景，不断地进行仿制和跟随，加入竞争。

产品处于成长期时，企业需要在维持高增长率还是维持当前的高利润中做出选择。如果趋向后者，那么经理人员主要着眼于对当前市场份额的保持和市场推广扩大工作。但是，当遇到竞争者用更好的经过改进的产品进入市场，这种利润攫取的期限就此完结。如果追求更长久的利润，则经理人员需要在诸如产品改进、渠道扩展、顾客关系及品牌改良方面增加大量的投资，当期利润将受到影响，但是在进入成长期后，有可能得到较高的回报。

通常来说，成长阶段可采取的营销战略为：第一，改进产品或提高产品的质量，以继续保持产品对目标市场消费者的吸引力。第二，企业积极地发现新的细分市场，并进入之。第三，为适应购买快速增长，及时建立新的分销渠道。第四，企业的广告目标从介绍和传达产品信息转为说服和诱导消费者接受和购买产品。第五，如果市场上消费者是价格敏感型的，选择一个适当的时候降价，以使下层次的消费阶层能加入购买，扩大产品占有份额和增加销售量。

（三）成熟期的营销策略

成熟期是产品生命周期中时间最长的一个阶段，因此可以分为三个时期。一是成长中的成熟。这时主要的分销渠道已经饱和，没有或很少再有新的分销渠道可以开拓了。一些后期的购买者这时加入进来，但因为缺少分销渠道，营销者不能充分利用。二是稳定中的成熟。由于市场饱和，销售量主要与人口增长、重新购买率有关，销量增加很少。三是衰退中的成熟。在此期间，销售量已经开始下降，有些顾客会开始转向其他的产品或替代品。总的来看，成熟期的市场特点为：市场上愿意采用该产品的消费者已经大部分采用了该产品，新增消费者越来越少；销售的绝对量达到最多，但销量增速变低。在过了饱和点后，销售量开始停止增长或开始下降；利润量达到最大，增加也越来越少；市场竞争达到最激烈的程度，竞争的手段也复杂化，甚至出现激烈的"价格战"。产品进入成熟期以后，企业的营销经理人员，应该将重点放在保持已取得的市场占有份额以及尽量扩大市场份额上。成熟期所适应的营销策略是：市场改进，目的或意图主要是力争充分发掘现有细分市场和产品的潜力，以求进一步地扩大销售量。

企业产品的销售量主要是受两个因素的影响：销售量 = 品牌的使用人数 × 每个使用者的使用率。因此，扩大销售量，有两个主要的努力方向。

1. 扩大品牌的使用人数

有三种策略做法：第一，转变非使用者。第二，进入新的细分市场。第三，争取竞争对手的顾客。

2. 增加顾客使用率

有以下策略：第一，增加使用次数。第二，增加每次的使用量。第三，发现产品的新用途。处于成熟期的产品还可以通过对产品的质量、风格、特点及服务因素的改进，来保持已有的市场份额和尽力扩大已有的市场份额。首先是质量改进。质量改进主要可以通过对产品增加功能、提高耐用性、可靠性等方面实现。与此同时，往往需要向顾客宣传产品质量改进给顾客所带来的额外好处。质量改进策略的适用情况为：产品质量的确有改进的可能性；并且，改进质量所增加的费用，营销企业能主要不依靠提高售价而能通过增加销售量来取得资金补偿或使利润增加。其次，特点以及样式的改进。为产品不断地增加某些新的特点，或者对外观样式进行改变，往往可使企业的产品保持强大的市场吸引力，或是能够刺激起顾客新的消费欲望。如日本的家电企业，在产品进入成熟期后，总是不断地进行一些较小特点和样式的改进，每次都能使产品获得一个溢价或保持其市场吸引力。

此外，还可以改进营销组合，主要有以下一些策略。第一，价格。企业可以通过直接地降低价格，或者是加大价格的数量折扣、提供更多的免费服务的项目等办法，使顾客享受到价格的优惠，以保持顾客量或增加新顾客。第二，分销。企业可以尽量渗透到更多的分销网中，或者进入（或建立）某些新的分销网，以增大产品的市场覆盖面，获得潜在新顾客或者保持原有的市场份额。第三，广告。在成熟期，应对原来的广告的有效性重新做定位检查，以确定是否需要重新设计广告，或者改变广告原来的创意，重新吸引顾客注意。第四，促销。企业在成熟期，往往采取更为灵活的促销方式，以及不断创新的促销方法，来保持产品的既有销量，并试图掀起新一轮的消费热潮。

（四）衰退期的营销策略

衰退期的市场特点通常是顾客人数在不断地减少；销售量快速下降；价格已难以维持原有的水平，经营的利润在减少且减少的速度越来越快，直至成为负利润；某些竞争者开始退出竞争。

产品进入衰退期后，企业必须对老化的产品做出及时的决策。是应该放弃还是坚守，需视企业的经营实力和产品还具有的市场潜力而定。简单地放弃或是不顾实际情况地坚守，都会使企业遭受损失。因为在产品衰退时期企业的策略的选择，取决于本行业对企业存在的吸引力和本产品相对于竞争者的实力。衰退期的营销策略有：

（1）增加企业对现有产品经营的投资，进一步扩大经营规模。这适宜占市场份额最大的（市场领先）企业采用，因为可以抢占某些退出的竞争对手所放弃的市场或争取到他的顾客。

（2）保持原有的投资水平，既不增加规模也不扩大规模。这适宜于市场份额较大的企业，在市场还具有一定的潜力，或不能清楚地预见市场下一步的情况时采用。

（3）有选择地进行收缩。即将某些销售额过小的细分市场放弃，在较具潜力的细分市场保持原有的规模或扩大规模。这样做的结果是，企业的投资可能有所缩减，或者是保持原有的水平。这适宜于市场占有份额中等的企业采用。

（4）收割。加速从现经营的业务或产品中收取尽可能多的现金或利润。这适宜市场占有份额较小的企业采用。

（5）放弃。迅速处理某项产品占用的资产，放弃经营该项业务或产品。市场占有份额很小的企业一般应采取这种策略。

三、实例：基于产品生命周期理论的物流需求及对策

（一）产品不同生命周期阶段的战略目标

一种产品在从进入市场，到最后衰落退出市场的整个生命周期内，企业或者企业家针对自己的产品在各个阶段会制定不同的战略目标，在引入期以吸引顾客为主要目的，在成长期以占领市场为目标，在成熟期以打造企业品牌为目标，而在衰退期的战略目的则是开发新产品。从销售方面来讲，在此目标的指引下，企业合理安排企业的人力和财力，为创造利润形成有效的市场营销策略。在以 HI（High Impact，高影响）为核心的营销方式中，

渠道的变化制约着企业物流需求模式选择的变化，所以营销方式的转变，会改变企业的物流需求。此外，从供应角度来讲，产品不同生命周期阶段的战略目标，对于供应商的选择、企业采购决策、库存管理等也同样产生巨大的影响。也就是说，从整个产品的供应链角度来看，产品不同生命周期的不同的战略目标，需要不同的供应链战略与其匹配，企业应当在此角度上以动态的眼光来选择自己的物流运作模式。

（二）产品不同生命周期阶段的物流需求及对策

1. 引入期

在产品的引入阶段，新产品投入市场，此时顾客对产品还不了解，除了少数追求新奇的顾客，几乎没有人实际购买该产品，产品的边际利润较高、潜在需求不确定性却很大。企业的战略目标在这个时候主要集中在"吸引顾客"阶段，企业花大量的时间和精力在终端的促销上，广告投入非常大。而在物流需求方面，既然引入新产品的最初目标是要在市场获得立足之处，那么能保证顾客随时可以获得存货就显得至关重要。而且顾客购买表现出小批量、高频率的特点，这很考验交货的及时性，而一旦出现缺货，就有可能抵消营销战略所取得的成果。因此在这一阶段，物流模式选择需要有高度的产品可得性和灵活性，在制订新产品的物流支持计划时，必须考虑厂商应具有迅速而准确地提供产品补给的能力。此外，由于产品处于市场开发阶段，对于市场的实际需求很难做到准确的预测，所以针对顾客小批量并且不稳定的购买，企业如果保持大量的库存和存货是致命的。因此在新产品引入阶段，如何既充分满足顾客需要又回避高代价的物流支持是管理者亟待解决的问题。

在一种产品刚投入市场时，零售商可能在提供销售补贴的情况下才同意储备新产品，导致订货频率不稳定，而缺货将大大抵消促销所付出的努力，故产品未被市场认同而夭折的比例较高。此时在设计供应链时，原材料、零部件应小批量采购，尽量减少企业自身的库存，但同时又要和供应商保持信息共享，能快速及时地发货。而对于企业生产物流而言，同样要在减少产成品库存的基础上，能够及时按照订单柔性生产。在销售物流方面，要完善分销渠道，简化"生产商—经销商—零售商"这一传统的渠道模式，这是因为中间环节越多，送货周期越长，交货及时性越差，并且对于小批量货物的分销很难形成规模效应，中间环节越多，物流成本越大。

2. 成长期

在产品生命周期的成长阶段，产品需要取得一定程度的市场认可，并且企业对需求预测较为准确。企业在这一阶段的战略任务是抢占市场，扩大市场占有率，当然这一时期也需要开始收回企业当初投入在引入期的成本。物流活动的重点已从不惜任何代价提供所需服务，变为更趋平衡的服务与成本绩效。此时，企业的关键是要尽可能实现令收支平衡的销售量，然后扩大其市场覆盖面。

在成长阶段，市场营销面临的挑战是要按需求增长的速度进行销售。处于这种成长周期的企业为了满足企业供应链管理战略和竞争战略的匹配，开始改变原来的柔性化供应链设计，开始转向营利性的供应链，最大限度地追求规模效应，以降低单位成本。企业在这个阶段具有最大的机会去设计物流作业以获取利润，物流活动开始真正成为企业的"第三利润源"。针对这一阶段的物流需求的对策如下：

（1）较大批量地采购原料与发货。因为在成长阶段最大的目标是最大限度地占领市场份额，扩大产品知名度。故为了满足顾客需求及节约相应成本，可以大批量采购及发货，产生规模效应，创造更大的销售增长点，这样也可给新进来的竞争者以压力，以此来巩固企业本身的市场地位。

（2）建立广泛、密集的分销物流体系。在成长阶段，企业为扩大市场占有率和巩固市场地位，会建立广泛且密集的产品分销网络，而这一网络的建设离不开强大的物流网络支持。这一阶段的物流决策重点在于选择合适的经销商来稳定自己的销售网络，建立与分销商的供应链伙伴关系，让分销商及时反馈顾客的需求信息，以便改进产品存在的问题。

（3）改变供应链设计，让物流创造"利润"。销售量的上升引起的大批量采购、大批量发货，都使得企业的物流系统得到充分利用，运输、流通加工、装卸搬运等物流功能的劳动生产率和设备利用率也得到很大的提高。改变供应链设计，合理安排物流运作，能让企业的供应链成为真正的"价值链"。

3. 成熟期

经过成长期之后，随着购买产品的人数增多，市场需求趋于饱和，产品便进入了成熟期阶段，产品边际利润降低，潜在需求不确定性变小。在这一时期，企业的战略目标是营造品牌，以产品品牌延长产品生命周期。成熟饱和期具有激烈竞争的特点，因为某种产品的成功，往往会引来各种替代的竞争，作为响应，调整价格和加强服务就成为企业的一种标准的战略措施。面对激烈的竞争和较低的边际收益，企业要打造自己的品牌，就必须提高顾客忠诚度，提供更多的增值服务，而这其中很大一部分是由物流部门来完成，因此提高物流服务水平成了这一时期物流需求的核心。一般来说，企业在这个阶段的物流决策有以下两种：

（1）成立大型配送中心，覆盖所有的销售网络，完善现代增值物流服务。由于在这一阶段需求稳定，所以每个销售网点的需求量和配送中心的发货量都是可以控制的，需要多少、缺货多少也能得到及时反馈。由于在成长期企业已经建立了广阔的销售渠道，所以在这一阶段的配送线路方案相当于已经明确，企业需要重点考虑的是配送中心的选址和配送方式的选择。一般情况下，在产品的成熟饱和期，由于顾客对产品价格比较敏感，企业从营销角度考虑，都会通过降价来扩大销售，这样产品的边际收益大大降低，所以再做直达终端的配送方案将使成本过高。因而，除大型的核心客户以外，企业的配送终点一般到批发商和零售商的仓库，让顾客自己前来取货。配送中心的选址则取决于各个网点的需求量。

（2）物流外包，利用第三方物流公司来降低物流成本，同时又提高增值服务。对于第一种对策而言，成立大型自动化的配送中心，对企业在物流信息系统、装卸搬运、车辆运输方面都提出了更高的要求，而且需要大量的资金投入，对于中小型企业而言，这是一件难以实现的事情。此外，这一阶段企业的目标是打造品牌，也就是打造企业的核心竞争力，物流服务的改善是为了提升企业竞争力，而不是成为企业的核心竞争力。这样，企业应当分清主次，将这一阶段的物流需求交由第三方物流公司来完成。这样不但能降低物流成本，而且还可以享有专门的物流公司提供的专业化服务。

4. 衰退期

随着科技的发展、新产品和替代品的出现以及消费习惯的改变等原因，产品的销售量和利润持续下降，产品从而进入了衰退期。产品的需求量和销售量迅速下降，同时市场上出现替代品和新产品，使顾客的消费习惯发生改变。此时成本较高的企业就会由于无利可图而陆续停止生产该类产品，该类产品的生命周期也就相继结束，以致最后完全撤出市场。当一种产品行将消亡时，企业的管理部门所面临的抉择是要在放弃出售产品或继续配送等方案之间进行平衡。于是，在企业的物流活动的定位上，一方面必须继续维持相应的递送业务；另一方面，当产品万一被剔除时又不至于冒过多的风险。此时作为企业的目标，如何最大限度地降低风险比起最大限度地减少物流活动成本显得更为重要。

企业在这一阶段的战略目标是开发新产品，在这方面投入相对较多，对于原有产品的物流投入减少到零，企业不再需要大量采购原材料和零部件，甚至只需要把积压的库存处理掉。即使偶尔会有顾客需求购买，对于衰退期这种需求量低并且响应时间不高的物流需求来说，保持较高的安全库存是完全没有必要的，采用按订单生产才是最适合的。因此，此时合适的物流需求对策是将产品存储在制造商处，通过直接发货或在途合并递送到顾客处。

综上所述，产品生命周期虽然多是用来描述企业的市场营销策略，但它为基本的物流战略展示了随时根据服务需求进行不同调整手段的适用范围。物流活动与市场营销组合的其他要素一样，在战略上需要根据市场竞争状况进行适当的调整。物流活动所支持的服务层次和性质会随产品生命周期而变化。一般说来，新产品在引入阶段需要高水准的物流活动和灵活性，以适应物流计划的迅速变化；在生命周期的成长阶段和成熟饱和阶段中，重点就会转移到服务与成本的合理化上；而在衰退阶段，厂商则需要对物流活动进行定位，使风险处于最低限度。

第三节　品牌设计营销策略

所谓品牌形象，就是指企业通过将某种品牌与目标消费者生活工作中的某种事物、某些事件之间建立起的一种联系。这种被联系的对象经常就是品牌的形象。品牌形象是一个综合的概念，它是受感知主体的主观感受、感知方式、感知背景影响的。不同的消费者，对品牌形象的认知和评价很可能是不同的。当然，作为企业总是力图在所有消费者心目中都树立一个清晰、健康、良好的形象。

一、品牌设计的原则与方法

1. 塑造品牌形象的原则

（1）民族化原则

在国际化的今天，品牌的成功之源仍是品牌的民族文化特质。品牌在空间上的国际化、本土化，并不意味着品牌自身的文化丧失；相反，品牌的文化内涵从来都是民族性的，而不是国际化的。一个成功的、历史悠久的国际品牌，总是体现着这个国家、这个民族最根本的民族性和文化内涵。如德国的民族文化内涵是严谨、注重细节、强调质量、不强调速度，这在西门子品牌中得到了充分的体现：尖端的技术和过硬的质量，表现出来的是德国人的严谨和踏实，就是在公司的发展战略上，西门子公司同样也保持着德国人的严谨与稳健。

（2）求异原则

在塑造品牌形象的过程中，除了要遵循民族化原则，能否展现出自己品牌的独特性也是十分关键的。如果品牌形象与其他已有品牌过于相似，就难以在消费者心中留下深刻印象，甚至落入被认为是恶意模仿的尴尬境地。例如，宝洁公司的著名洗发水品牌"海飞丝"，在品牌塑造时一直抓住去屑功能不放，所以某新推出的洗发水品牌在广告宣传中强调其去屑功能，就难以胜于"海飞丝"和吸引消费者的目光。因此，个性化是品牌形象塑造中非常重要的一个环节。

（3）长期性和兼容性原则

品牌形象还是企业形象的重要组成部分，塑造品牌形象也应与塑造企业形象相互一致，相互促进，以谋求企业的长远发展。例如，M&M 巧克力的广告语"只溶在口，不溶在手"十分形象地体现出产品的特色，而且上升到了精神领域，使产品具有了真正的内涵，让竞争者难以效仿赶超，自从打入中国市场就被一直使用，让消费者难以忘怀。

2. 塑造品牌形象的方法

在塑造品牌形象时，除了对那些功能性较强的产品，如药物等，要特别强调其功效，但在其他竞争激烈的行业，产品功能的差别越来越小，单纯依靠宣传其功能已经难以突出品牌形象，此时应当从更广泛的意义上去挖掘并赋予品牌以鲜明和独树一帜的风格特征。

（1）情感导入策略

品牌绝不是冷冰冰的符号名称，它有自己的个性和表现力，是沟通企业和公众感情的桥梁，人们在内心深处都渴望真挚、美好的感情出现。因此，如果品牌能在消费者的心中占据一席之地，占据一方情感空间，那么这个品牌的塑造就是成功的。例如，芭比·蜜丽森·罗勃兹，也就是人们熟知的芭比娃娃，它已经 65 岁了，但依旧风靡全球，在全球绝大多数的国家和地区都有销售。多年被美国著名的玩具杂志评为美国畅销玩具，在电子玩具大行其道的 20 世纪 90 年代，芭比娃娃是美国十大畅销玩具之一。是什么让芭比娃娃具有如此的吸引力？除了她漂亮的外表，更重要的是公司给芭比赋予了情感化的形象，他们利用广告，树立了芭比拟人化和情感化的形象，在电视报刊上开辟"芭比乐园""芭比信箱"，拍摄芭比卡通片，组织芭比收藏会，芭比的形象就这样叩开了女孩们的心扉，经久不衰。

（2）心理定位策略

著名市场营销专家菲利浦·科特勒提出，人的消费行为变化可分为三个阶段：第一个阶段是量的消费，第二个阶段是质的消费，第三个阶段是感性消费阶段。到了第三个阶段,消费者所追求的是产品与自己的密切程度,或只是为了得到情感上的一种满足,或是追求商品与理想自我的吻合。因此,企业应顺应消费者消费心理的变化,以恰当的心理定位唤起消费者心灵的共鸣,树立独特的品牌形象。例如,宝马汽车的定位是"赋予驾驶的愉悦",它在设计中强调感性和浪漫的色彩,由此赢得了众多年轻消费者的喜爱。而奔驰则注重理性和实用,因此备受稳健持重人士的青睐。

（3）文化导入策略

品牌文化是在企业、产品历史传统基础上形成的品牌形象、品牌特色以及品牌所体现的企业文化及经营哲学的综合体。品牌需要文化,品牌文化是企业文化的核心,品牌文化可以提升品牌形象,为品牌带来高附加值。如果企业想要造就国际品牌,背后就更需要有根源于本国的深厚的历史文化积淀。

（4）专业权威形象策略

专业权威形象策略可以突出企业的品牌在某一领域的领先地位,增强其权威性,提高信赖度。例如,著名牙膏品牌"高露洁",在广告宣传时强调是中华口腔医学会和中华预防医学会共同推荐;宝洁公司在这方面表现也很突出,在它的牙膏品牌"佳洁士"系列广告中,一个中年牙科教授的形象多次出现,她通过向小朋友讲解护齿知识等,来肯定佳洁士牙膏不磨损牙齿还防蛀的效果,而且还有佳洁士医学会的认证,更权威;洗发水品牌"海飞丝"也多次借专业美发师之口,强调产品出众的去屑功能。

（5）质量管理策略

影响品牌形象的因素很多,包括产品的品质、功能的多寡、安全性、创新性、价格等。但最基本的还应当是产品的质量。日本的产品之所以在世界上形象好,主要是得益于重视质量管理。早在1949年,日本就实施工业标准法,第二年,就依据此法颁布制定了JIS标准制度,使工业产品的品质有了法律规范。随后在规格协会与品牌管理推动单位的协助下，日本工业规格更为周全，方便使用，不但符合经营者的需求，也顾及了消费者的利益，间接提高了日本品牌形象。有些品牌虽然已经在消费者心目中具有了良好的形象，但一旦出现质量问题，也会使品牌优势顷刻化为乌有。

（6）品牌形象代言人策略

在市场营销中所指的代言人，是那些为企业或组织的营利性目标而进行信息传播服务的特殊人员。早在 20 世纪初，力士香皂的印刷广告中就有了影视明星的照片。成功运用品牌形象代言人策略，能够扩大品牌知名度、认知度，近距离与受众沟通，受众对代言人的喜爱可能会促成购买行为的发生，建立起品牌的美誉度与忠诚度。

在我国，品牌形象代言人策略也被行业广泛应用，其中运动鞋、化妆品、服装行业最为突出。运动鞋广告大多运用了品牌形象代言人的策略，代言人包括少量优秀运动员，以强调品牌代表着追求高超的竞技水平和永不言败的体育精神。还有的品牌使用的形象代言人是歌星或者影视明星，这是因为运动鞋的目标消费群主要是青少年，而这个消费群正处于对明星人物的喜爱和崇拜的年龄段，商家就是想利用这些当红明星的影响力和号召力吸引消费者。青年人购买心理较不成熟，他们往往会出于对品牌代言人的喜爱而购买商品，而不是真正看重商品本身。

二、品牌设计营销的创新途径

中国快消品市场竞争目前异常激烈，随着竞争加剧，竞争形式也在发生根本性的变化，由原来以产品为基础的竞争已上升为全面的品牌竞争，品牌已成为企业参与市场竞争最有力的武器，因此，品牌建设也已成企业经营的重头戏。在这种严峻的市场形势下每一个企业都在想尽千方百计来快速提升自己的品牌，使自己立于不败之地。

1. 打造明星产品

什么是明星产品？明星产品是企业利润的增长点，而且对提升品牌起着关键性的作用。它就像一把利剑，能迅速将市场打开一个缺口，让你的品牌在市场上鹤立鸡群，甚至是所向无敌。明星产品的打造对企业而言极其重要，尤其是中小企业，它可以决定企业的命运与前途。但很多企业不知道如何打造自己的明星产品，总想以多取胜，结果就出现产品越多企业运作越困难的情况。那么，如何打造明星产品呢？打造明星产品不能盲目进行，要考虑以下几个方面的问题：

（1）该市场容量相对要大

市场容量大是产品成就明星产品基本条件之一，如白象的大骨面、华丰魔法士敢吃面、思圆魔鬼辣面等这些品牌产品做得都非常成功；反之，如果是一个没有市场容量的产品即使做得再好，也不能成为明星产品，成为企业效益增值点。

（2）市场竞争相对要小

在开发明星产品时尽量避开竞争大的市场去运作。例如，水井坊运作时，在进行市场调研分析后，发现中国中、低端白酒市场竞争非常激烈，因此，它就定位于竞争相对较小的高端白酒市场，而取得骄人业绩。

（3）市场切入要适当

不能超前，也不能太晚。如当年的旭日升冰茶由于进入市场太早，产品虽然不错，但概念超前，结果由先行者变成"先烈"。另外，企业在进行明星产品打造时也要考虑到两点：一是明星产品打造一定要与企业的发展战略高度一致，二是要与企业的综合实力相匹配。很多企业虽然也开发出自己的明星产品，但由于忽略了以上因素最终导致明星产品还没出名就夭折了。定位和包装是明星产品打造的关键。很多产品失败的原因都与定位不准、包装不良有关。那么，如何对明星产品进行定位与包装呢？

①准确区隔。明星产品一定要定位准确，与同类品牌产品形成明显区隔。如今麦郎以"弹"面作为产品区隔点，五谷道场以"非油炸"作为产品的区隔等，形成与其他品牌产品的明显不同，从而赢得消费者青睐。

②挖掘卖点。鲜明的卖点是普通产品成为明星产品的基础，是吸引消费者与消费者建立认知的关键。为什么那么多的女性消费者爱喝统一的鲜橙汁？因为它喊出了"多 C 多漂亮"。

③改造名称。俗话说名正言顺，所以对于明星产品名称的改造是十分重要的，它能带给消费者一种全新感觉。试想一下如果水井坊仍然叫全兴、今麦郎弹面仍然叫华龙，其结果是什么样？不否定它们的质量，但可以肯定正是其名字的改造，才促使它们迅速地成了明星产品，从而实现了由明星产品到明星品牌的跨越。

④创新包装。包装是产品的外衣，是展示产品形象和与消费者沟通最直接的内容，好的产品包装会说话、会促销。因此，对明星产品包装创新和改造也是非常重要的一件事，"蓝色经典"系列产品的成功也充分说明这一点。

2. 创造市场领先

创造市场领先要比技术领先更重要，技术领先是市场领先的基础和保障。拥有先进技术不一定拥有领先的市场。品牌建设中我们重点强调的是市场的领先，当然也不能忽视技术的领先。在业内流行一句话"成为第一胜过做得更好"。其实对于品牌建设也是如此，创造市场领先是快速提升品牌影响力的制胜法宝。企业在品牌建设中要么成为第一，要么独辟蹊径，如果你不能做第一，那么你就去做唯一，否则，你很难取得成功。

企业在提升品牌和品牌建设过程中为什么要做到市场领先？因为市场

领先就意味着高额销售量和回报率；市场领先意味着你的品牌拥有最好的广告效应；市场领先就意味着你的企业拥有最佳的规模效应，市场领先对于供应商、经销商、消费者等合作伙伴来说就意味着企业拥有最强的讨价还价能力，市场领先就意味着企业拥有最优秀的人才等。可以看看那些市场领先的品牌如可口可乐、雀巢、伊利、蒙牛等，哪个品牌不是如此。那么，企业在品牌实际运作中，如何创造市场领先来提升品牌从而达到品牌的领先呢？

（1）品类创新

品类创新就是在原来产品类别和服务的基础上进行创新或开辟一个新的领域，以达到品牌或产品在所开拓的市场中独占和独享。品类创新在技术含量比较低的行业内应用比较多，如快速消费品，但成功的例子也比比皆是。

（2）概念创新

品类的创新往往都有概念创新的成分在里面，但单纯的概念创新只是在不经过产品创新的基础上进行的，如七喜提出的"非可乐"概念，产品本身还是碳酸型饮料，但为了避开与可口可乐和百事可乐的竞争，就打造了"非可乐"的概念，目的就是为快速提升品牌影响力和销量。

（3）技术创新

在前面我们讲过，创造领先主要讲的是创造市场领先，但技术创新为市场创造条件，也是不容忽视的，当然其中不乏技术概念性的东西在里面。

（4）价值创新

雀巢三合一咖啡为什么卖那么好，就在于它的价值创新，当人们自己磨咖啡比较麻烦时，去咖啡店又不方便时，雀巢推出了方便装三合一咖啡，打开一冲即可饮用，大大提高消费者便利性，其实这也是价值创新。

3.进行概念聚焦

清晰的品牌的概念主张对品牌建设而言尤为重要，因为很多品牌概念主张后来便成为品牌的代名词。如我们提到"弹面"就想到今麦郎，提到"非油炸"就会想到五谷道场，提到"去头屑"就会想到海飞丝，提到"安全"就会想到沃尔沃，这些概念都已深入消费者心中。所以，品牌能否成功很大程度上取决于品牌概念主张的能否聚焦、能否占据消费者心智模式。

那么，企业在品牌建设过程中应该怎么进行概念提炼和聚焦呢？当年罗瑟里夫斯提出了销售主张（Unique Selling Proposition，USP），在品牌概念主张方面我们从中借鉴了他的一些做法。因此，我们提出一些品牌概念主张和诉求时要遵守以下原则和问题：品牌概念主张要独一无二和行业内没有提出过。如鹤壁一家食用油品牌广告词"滴滴淇花、香飘万家"，大家一看就知道是抄袭鲁花食用油"滴滴鲁花，香飘万家"，我们不说这句广告语好与坏，单说抄袭别人，你的品牌在消费者心目中就大打折扣。品牌概念主张要有足够吸引力，而且符合品牌所提供的价值。如笔者有一次看到一个酒的广告词：你喝过会唱歌的酒吗？品牌宣传是想吸引消费者，但这种概念的提法并不符合产品的根本价值，因为消费者喝的是酒，不是听唱歌。品牌概念主张要简洁、清晰、易记等。品牌主张就是概念的聚焦，一定要简洁明了。

（1）品牌概念主张不能违背消费者意愿和认知

品牌主张一定要对消费者有好处，并便于消费者认知和接受。

（2）品牌概念主张要有基础和支撑点

品牌的概念或主张一定要有基础和支撑点，消费者才会相信它，才能对消费者具有吸引力。如白象大骨面宣传说有营养在里面，因为它是"大骨熬汤，富含骨胶原"，所以消费者相信它。

（3）品牌概念主张不能受到限定或限制

如蒙牛特仑苏广告词：OMP乳蛋白，补钙又留钙。后来遭到消费者质疑，蒙牛不得不撤销这一内容。

4.集中优势

在上面讲的概念聚焦也是集中优势的一种，经营中，集中优势是比较常用的策略之一，品牌建设也是如此。企业要想迅速地提升品牌影响力，在没有足够实力时候，尤其是中小企业，就必须集中自己的优势，做好专业化，要在小市场中或某一领域做强。企业只有集中优势把品牌做强，企业才能做出销量，才能发展壮大。

（1）消费对象集中

消费对象集中就是在市场调研的基础上，进行细分市场、锁定目标消费者，准确区隔，集中优势迅速抢占这一市场。如初元食品就是采取这一策略，锁定购买者特征，提出有针对性的主张，对目标市场集中优势进行猛攻，在很短的时间内初元成为购买者看病人时的首选慰问品。

（2）产品集中

产品是品牌建设的基础，是品牌与消费者对接的载体。产品的结构组合是否科学合理，这直接影响着品牌的推广。很多企业在产品推广方面存在着诸多的问题，总想以产品多来取胜，而不是以精取胜。我们在为一些企业做服务时发现很多企业在产品开发方面少则几十种，多则上百种，其中没有高低主次之分。事实证明，近年做得好的品牌在初上市时都是采取产品的集中原则进行。如蓝色经典当初只推出海之蓝和梦之蓝两款产品，可口可乐至今产品依然十分集中。

（3）区域市场集中

在品牌的建设和运作过程中，若没有足够的实力最好不要全面地"撒网"，要学会重点"捕鱼"。最好是采取区域市场集中运作，进行精耕细作，建立起牢固的根据地，要先树立区域的强势品牌，做强做大后，再进行逐步扩张。如皇沟酒，就将永城作为自己的根据地，进行精耕细作，年销售额上亿元，还有如巨尔牛奶在洛阳，绿健牛奶在徐州等，这些品牌都是运用这一策略，而且都取得骄人的业绩。

当然除了以上提到的，企业在品牌的运作过程中，还可以进行广告集中、渠道集中、促销集中等。

三、生活用纸营销案例

现代营销管理之父菲利普·科特勒在论营销中有这样一句话：留住顾客的最好方法是持续地计算怎样使他们失去的较少而获得的较多。我们知道，任何产品的开发都是从给消费者创造价值开始，到给企业创造利润的一个完美周期。而给消费者创造价值又分为功能价值和精神价值，功能价值由产品来完成，精神价值则由品牌负责。

产品既然担负了功能价值的全部表现，又是品牌的载体，所以在4P策略中具有重中之重的地位。谈产品就不得不先谈品牌，只有基于品牌管理思想延伸出来的产品管理，才能对品牌价值的提升产生作用，否则，最多就是一个销售行为，在混乱的产品管理中获得短暂的销售"快感"，长期来说就是扼杀品牌。自20世纪60年代在美国产生了"4P营销理论"，即产品（Product）、价格（Price）、渠道（Place）、促销（Promotion）。之后营销理论界在"4P营销理论"基础上延伸出了"4C""4R""4S""4E"。在现有的竞争态势及经济水平下，我们大部分企业只要运用好"4P"营销理论就可以有非凡的市场表现了。

目前，四大品牌中比较成功的产品："心相印"薰衣草系列、几米系列、茶语系列、湿巾系列；"维达"蓝色经典系列、超韧系列；"洁柔"可湿水系列、布艺系列；"清风"原木系列、超质感系列。作为全国知名的生活用纸品牌，他们率先在业内引进进口纸机生产生活用纸，其品牌知名度、美誉度方面在行业领先。

恒安纸业的"心相印"和维达纸业的"维达"，一个属于新品牌的全新定位，一个属于老品牌的定位延续，二者都是行业内的成功典范，恒安纸业和维达纸业在品牌管理指导思想下运用产品策略，对其他生活用纸企业有着重要的指导意义。首先我们看"维达"。维达纸业拥有近40年品牌历史，一贯以稳健、务实，追求长期发展的理念经营企业。"蓝色经典"系列产品利用稳定的品质、价格获得了稳定的市场份额。之后，维达在多年探索之后回归本原，推出"超韧系列"，这是维达纸业继"蓝色经典"之后的又一个大获成功的系列产品。超韧系列算是一次自我超越，笔者把它称之为"蓝色经典系列"2.0版。

2012年以后，维达纸业的"维达"有了较为清晰的品牌定位，通过产品策略的调整获得了产品结构上的巨大突破。面巾纸类产品的包装设计融入更多情感、居家、时尚等元素，中国有句老话"人靠衣装马靠鞍"。由于纸品的变化与创新的空间实在太小，所以包装设计的突破就显得尤为重要了。

有了这些还不够，好产品需要推广出去，并且形成多次消费才能实现持续盈利，否则就是在自家叫好。于是，提升面巾纸类产品的知名度、使用率、重复购买率就是一个循序渐进的营销过程。这也就是"维达"在面巾纸类产品上"五年磨一剑"，如今利剑出鞘，所向披靡，终于打破过去多年"维达"面巾纸类产品占比低于40%的魔咒。其实维达纸业这么多年来没有停止过在产品创新上的尝试，近几年的厚积薄发不是运气，而是多年积淀的水到渠成。接下来我们来看恒安纸业的"心相印"品牌，它是生活用纸四大品牌中最年轻的品牌，1998 年才诞生，诞生之初便遭遇了东南亚的金融危机，这时恒安集团刚刚完成在香港联交所上市，随后的两年恒安集团也是几经风雨，"心相印"也是在风雨飘摇中艰难前行。

恒安纸业自从 2001 年成立市场部，以及经美国汤姆斯公司辅导之后，"心相印"的所有营销策略都是基于品牌管理思想展开：关爱、温馨、浪漫——以爱的名义，当然也包括产品策略。这就有了"心相印"薰衣草系列、几米系列、茶语系列，虽然是不同的系列产品，但是都聚焦在"爱""温馨""浪漫"这几个点上，以上的每一个产品一经上市就大获成功，为"心相印"快速地成为生活用纸第一品牌立下汗马功劳。

产品策略分为两个部分：一个是产品的开发，另一个是产品的上市推广。产品的开发又分为产品的核心利益开发、产品的有形利益开发、产品附加利益的开发。生活用纸产品的核心利益开发包括产品概念、原纸品质、压花／压线、分切／虚切、印花等方面。产品的有形利益开发则包括组合方式、包装图案、包装色彩、包装材质、包装工艺、包装形式等方面。产品附加利益的开发包括干湿两用、免费送货上门、加送赠品等方面。

很多生活用纸企业开发产品，主要犯如下几个错误：第一，全凭老板或销售老总过往的经验开发产品。第二，根据销售人员的要求开发产品。第三，因经销商的要求开发产品。第四，跟风开发竞争对手好卖的产品。第五，生产部按照过去的经验生产。第六，按照设备的性能开发产品。

成功的企业（品牌）会运用一个更为重要的标准，那就是品牌定位这把尺子，这是一根主线，要确保所有的投入和积累都不得偏离这条主线。无论是 4P、4C、4R、4S 营销理论，还是其他的新型营销理论研究，笔者始终认为 4P 是基础，在此基础上不同的行业和企业可以根据自身情况再做发展和动态调整。4P 营销理论的关键就是产品，如果产品定位出现问题那后面的什么价格、渠道、促销等 3P 就是无源之水，无本之木。准确的产品策略需要考虑的主要因素为：品牌定位、市场策略、独特卖点、主要竞争对手（区域竞争对手）、资金、设备、团队等，多角度、全方位的思考，公司（品牌）所处的不同时期还有不同的考量，拍脑袋定下的产品策略可以一时对，但不能确保时时对。只有基于品牌管理思想指导下的产品策略，才能确保产品策略的一致性，而不是换一个人就是一个搞法。产品、价格、渠道、推广（促销）保持高度统一，在整合营销传播中形成合力，才能持续提升市场占有率，同时实现品牌增值。

第五章　市场营销促销策略

现代市场营销不仅要求企业开发适销对路的产品，确定有吸引力的价格，通过合适的渠道促销，即企业通过人员和非人员的方式，连接企业与消费者，引导、测试消费者，使目标顾客易于得到他们所需要的产品，而且还要求企业树立其在市场上的形象，加强企业与社会公众的信息交流和沟通工作，即进行促销活动。成功的市场营销活动，不仅需要企业对其产品制定适当的价格、选择合适的分销渠道，而且需要采取适当的方式进行产品促销。企业若想在市场营销活动中取得成功的营销业绩，除了要具备高素质的销售团队、完善的分销渠道，还应正确制定并合理运用促销策略，这是企业在激烈市场竞争中取得良好的销售业绩并获得较好经济效益的必备要素。

第一节　促销与促销组合

一、促销

（一）促销的含义及促销内容

促销是指企业通过人员推销或非人员推销的方式，向目标顾客传递商品或劳务的存在及其性能、特征等信息，帮助消费者认识商品或劳务所带给购买者的利益，从而引起消费者的兴趣，激发消费者的购买欲望及购买行为的活动。

促销本质上是一种通知、说服和沟通活动，是谁通过什么渠道（途径）对谁说什么内容，在此过程中，沟通者有意识地安排信息、选择渠道媒介，以便对特定沟通对象的行为与态度进行有效的影响。这种沟通说服有几种途径。一是雄辩式说服，讲话人首先以其人格博得听众的信赖感，再激起听众的情感以取得信任，列举鲜明的证据诱发需求。二是宣传式说服，最早是以组织（如教会、政府、政党、企业）为主体来获得别人的支持。语言、文字、气氛和事件等都可以用来争取支持者，包括现在企业的建筑式样、最高管理人员的办公室布置、产品的设计、推销员的个性等，通过公共关系人员，借助新事件，制造一种新的气氛，进行宣传沟通。三是交涉式说服。指一方的代表与另一方的代表在交涉中进行拉锯式谈判，以取胜对方，企业在市场营销活动中常用的是劝诱策略，非极端条件下不用威胁策略。

各种说服方式的目的都在于沟通，多年来形成了沟通模式，该模式由九个要素构成，其中两个要素为沟通的主要参与者——发送者和接受者，另两个为沟通的主要工具——信息和媒体，还有四个为沟通的主要职能——编码、解码、反应和反馈，最后一个要素为沟通系统中的噪声。

（二）促销的作用

在不完全竞争的条件下，一个公司利用促销来帮助区别其产品、说服其购买者，并把更多的信息引入购买决策过程。用经济学术语来说，促销的基本目的是改变一个公司的产品的需求（收入）曲线的形状。通过运用促销，一个公司有希望在任何一定价格的条件下，增加某种产品的销售量。

促销还有可能影响产品的需求弹性。其目的在于当价格提高时，使需求无弹性，当价格降低时，使需求有弹性。换言之，企业管理层是希望通过促销实现这样的效果：当价格上升时，需求数量下降很少，而当价格下降时，销售却大大增加。

（三）促销的创新策略

对消费者来说，各种类型的促销活动已经司空见惯，而且令人产生审美疲劳，单纯靠"折扣＋赠礼＋人海战术"的传统促销模式越来越受冷遇。优惠永远不是促销的全部，应该善用"巧劲"，让促销更有生命力。

1. 优惠的理由

一个促销的口号或标题能决定促销的成败。在促销方案设计时，不少销售负责人熟谙产品体系和团队的运作管控，且一丝不苟，而对于活动主题、活动宣传却显得十分宽容：口号响亮大气就行，真正重要的是活动的力度和执行力。一场成功的促销，固然离不开一个响亮易记的主题，但只是响亮醒目还不行，还要给顾客一个合理的优惠理由和消费理由。

"天上掉馅饼的地方，地上往往就有个陷阱。"这种怀疑和警惕，在很大程度上影响着顾客的消费决策。面对促销活动的宣传，消费者不仅在意商家给予的实惠，更在意商户为什么要让利优惠。消费者往往会犯嘀咕：仅仅是因为春天或夏天到来了就给优惠、就降价？你的商品是不是有问题？你是虚假促销，还是别有用心？等等，一连串问题让商家的促销显得毫无说服力，消费者甚至可能会因误会而主动躲开。可见，名正言顺，才能让消费者真正信服。所以促销主题并不是纯粹为了吸引眼球而故意哗众取宠，必须有相应的促销内容支撑，否则"标题党"做法不但不能吸引消费者，反而会激起他们的反感。

2.案例分析

（1）案例一

某移动连锁手机卖场，为了更好地提升活动的影响力和可信度，策划了以"辉煌七载，重奖移动老客户"为主题的促销活动，根据本地移动用户的入网年限，给予不同的购机折扣，引起了很大反响。这个活动的成功，不仅在于成功借助了中国移动的影响力，使其可信度大大增强，而且，入网越久的顾客优惠越大，通过折扣的比较使他们倍感珍惜，大方购买。

（2）案例二

一大型社区旁新开的饭店，为了快速提升知名度，策划了"新店开业，免费请客"为主题的促销，每天上午送出50份免费餐，获奖者由住在周边的居民免费抽奖产生，产生了轰动效应。

案例分析：促销主题，不仅要响亮大气，通俗易懂，易于传播，而且要言之有物，给顾客一个合理的优惠理由和消费理由。多数厂家从策划促销活动开始，除了担忧投入产出，最大的担心就是竞争对手了，担心他们会跟进和效仿，分走客流。而且，他们还会随时关注对手动向，一旦碰到竞争对手有动作，马上会陷入如临大敌般的紧张和慌乱。所以，在促销活动的时机选择上，很多人都得意于"搞突袭"，不给对手应变的机会。事实上，这种"吃独食"的促销方式，往往在旺季时期可能会略显威力，但这并不是促销能得到的最好结果。促销的目的是什么？就是要让更多人知道，更多人购买，实现销量和利润的最大化。管理学上有个"1+1>2"的理论，放在促销领域也同样适用。当商家做促销时，他们怕的不是竞争对手的快速跟进，反倒是没有人来跟进。

中国人好奇心强，喜欢热闹，平淡的促销见多了，很难有参与热情。越是违背常规的、有冲突性的事件，越是能激发人们关心和传播的欲望。

越是有商家竞争，促销活动越有激情。"火越烧越旺，事越传越神"，把市场搞得越活跃，越能让消费者亢奋起来。如果只是自己一家唱戏，则市场影响力很难"打"出来。在促销上合理利用甚至"挑起争端"，有时会收到奇效。

3. 有效营造促销氛围的三个方面

（1）"海陆空"式的综合布置

"海"指商品，即将商品展示与促销活动充分结合，有清晰直接的促销信息标志（爆炸花、促销牌、促销贴等）。

"陆"指动线，即沿顾客行进路线进行重点氛围装扮、促销信息宣传和主动推介［POP（Point of Purchase，购买点广告）、海报、地贴等］。

"空"指卖场空间，包括空中、地面和墙壁（橱窗）的氛围包装（吊旗、吊牌、气球、横幅等）。

三个环节缺一不可。

另外，最好在店内外有大型形象展示物料的氛围抢占（彩旗、拱门、帐篷、堆头、太阳伞、地毯等），这样的促销能从氛围规模上提升档次。同时，还要有足够的促销宣传品进行广告宣传和促销氛围营造，必须由外到内在高空、墙壁、地面连成一片，避免"外热内冷"或"内热外冷"的出现。在商品陈列上，也要针对促销活动内容进行相应调整布置，保证顾客更直观地感受到商品的促销，方便进行选择，并设立好礼品的堆头陈列展示。

（2）促销人员形象塑造

导购人员要穿统一服装。主要负责宣传的人员必要时可以在形象方面进行夸张搞怪的个性化打扮；DM（Direct Mail，直邮广告）派发人员要懂得发现潜在顾客，不能随意发放，浪费促销费用；终端执行人员一定要真正明白活动的内容，扮演顾客销售顾问的角色。

（3）促销现场组织

促销现场如果组织得不好，现场的混乱影响促销氛围不说，还会影响到品牌形象。除了做好秩序维护，现场组织很重要的一点就是要根据现场情况，把握好现场宣传的节奏，有"冷场"应急预案，灵活地对氛围"热冷"进行调节。活动主持人在现场气氛调动中的作用不可替代，一位善于调动气氛的主持人基本上能保证一场活动的成功。另外，现场最好要有临时拦截队伍配备，能随时抽调人员，在店内外或人行道上进行顾客拦截。最后，还要对人财物、外联等做好统筹管理，并对竞争对手的现场捣乱、调价干扰及时应对。

这三个终端促销氛围的营造手段是相辅相成的。有些促销氛围营造失败，归根结底是犯了厚此薄彼的错误，对组织要求没有认真执行到位。

促销活动内容本身可以简单或者平常，但是在氛围布置和预热上绝对不能马虎了事。小活动当大活动来做，才能做成大活动；大活动当小活动来做，一定会做成小活动。不少销售经理认为，只要活动策划得好，顾客闻风而来，卖场负责人肯定重视，营业员积极卖货，销量也就不成问题。但营销效果不如意，问题往往发生在看似不可能发生问题的地方。如原以为促销给卖场带来了人气，卖场一方应该会大力配合，但事实上你统一策划的宣传物料到了卖场却被扔进了杂物仓库；辛苦花钱采购的促销礼品，送给卖场后却被人强行挪作他用；靠促销宣传吸引来的顾客，进店后却被营业员介绍买了竞品；货明明不足，经多次督促后，店老板却不愿补货，这些都体现出营销的多变性。卖场有自己的利益目标要求，商家的促销只关注了顾客的利益诉求，却没有充分关注到卖场的利益；虽然促销短期提升了销量，但也会快速拉低产品毛利率，不仅降低卖场销售人员的销售奖励，而且增加了工作量。因此，要想做好市场的促销宣传，先做好卖场的促销沟通。为了解决以上问题，必须在活动前与卖场充分沟通，为卖场合理设定好销售利润分配比例，并通过明奖或暗返的方式激励店内营业员，取得他们的全力配合。合力才能制胜，同心才能共赢。促销活动策划时一定不能忽视对终端卖场及员工的激励政策，否则只能是自己干吆喝。

二、促销组合

在市场竞争日益激烈的今天，市场营销活动是支持产品的市场运作最重要的因素。在现代营销环境中，企业仅有一流的产品、合理的价格、畅通的销售渠道是远远不够的，还需要有一流的促销。尤其对处在介绍期的产品而言，设计有效的促销组合对打响产品的知名度尤为重要。

（一）促销组合的选择

促销组合指履行营销沟通过程的各个要素的选择、搭配及其运用。促销组合的主要要素包括广告促销、人员促销和销售促进，以及公共关系。

（二）新产品促销组合内容设计案例

我国广西壮族自治区某市 X 县是杧果种植大县，当地的主导产业也是杧果产业。目前，X 县杧果种植户主要使用的是传统的固体复合肥。固体复合肥的局限是肥效慢，其施到土壤之后，需要有水的灌溉才能溶解发挥肥效。所以当地果农为节省成本，在雨季到来前提前施肥，等待自然降雨溶解肥料。其次，固体肥施肥用工多，施肥时需要挖掘环形沟或者在杧果树根系周围均匀挖施肥坑，进行深埋。此外，传统固体复合肥在储运中因产生离析导致质量参差不齐，很难将大量元素与微量元素均匀混合，导致杧果生长所需的营养成分吸收不充分。传统固体复合肥的优势是价格低，且果农使用时间长，较信赖该产品。X 县甲化肥厂引进美国化肥技术，研发出液体复合肥——A 化肥，尚处在产品介绍期。A 化肥无色无味，优势主要是利用率高达 80%，用量省，浪费少，更划算；水肥并施，省工省力；养分配比合理，满足杜果生长各种需要，尤其能够补充磷元素、硼元素。从化肥行业来讲，液体复合肥是固体复合肥的替代产品。但 A 化肥相较传统固体复合肥的价格较贵。

1.新产品促销的实质

在市场经济中，社会化的商品生产和商品流通决定了生产者、经营者与消费者之间存在着信息上的分离，企业生产和经营的商品和服务信息常常不为消费者所了解和熟悉，或者尽管消费者知晓商品的有关信息，但缺少购买的激情和冲动。这就需要企业通过对商品信息的专门设计，再通过一定的媒体形式传递给顾客，以增进顾客对商品的注意和了解，并激发起顾客的购买欲望，为顾客最终购买提供决策依据。因此，促销从本质上讲是一种信息的传播和沟通活动。对新上市的产品而言，处在产品生命周期中的介绍期，促销的重点是提高产品的知名度。为此，应利用各种广告，大力宣传新产品，让购买者了解、熟悉该产品。同时，辅以销售促进来促成消费者早期的试用。此外，利用推销人员说服中间商进货也是必要的。但值得注意的是，如果在推广初期企业就过分依赖渠道策略，就有可能出现经销商为了跑量，将企业所赠送的货折到产品的价格中，对产品的推广造成极大危害。所以，在产品推广初期，应尽量少用渠道政策，把促销集中在消费者身上，注重拉动消费者的购买欲。

2.A 化肥促销组合内容设计

为了成功地把甲化肥厂及 A 化肥的有关信息传递到位，甲化肥厂需要有步骤、分阶段地进行促销活动。

（1）确定目标受众

企业在促销开始时就要明确目标受众是谁，是潜在购买者还是正在使用者，是老人还是儿童，是男性还是女性，是高收入者还是低收入者。对甲化肥厂而言，确定目标受众是促销的基础，它决定了推广 A 化肥的时候应该说什么、怎么说、什么时间说、通过什么说和由谁说。对 A 化肥来说，X 县杞果种植户就是目标受众。

（2）确定沟通目标

确定沟通目标就是确定沟通所希望得到的反应。甲化肥厂应明确 X 县杞果种植户处于购买过程的哪个阶段，并将促使 X 县杞果种植户进入下一个阶段作为沟通的目标。现阶段，甲化肥厂要实现的目标是让 X 县杞果种植户知晓和认识 A 化肥。所谓知晓即当 X 县杞果种植户还不了解产品时，促销的首要任务是引起注意并使其知晓。这时沟通的简单方法是反复重复企业或产品的名称。当 X 县杞果种植户对企业和产品已经知晓但了解不足时，甲化肥厂应将建立目标受众对企业或产品的清晰认识作为沟通目标。

3. 设计促销信息

需要解决四个问题：信息内容、信息结构、信息形式和信息来源。

（1）信息内容

信息内容是信息所要表达的主题，也被称为诉求。其目的是促使受众做出有利于企业的良好反应。对甲化肥厂而言，可以采取三种诉求方式。一是理性诉求。针对 X 县杞果种植户的兴趣指出 A 化肥能够产生的功能效用及给购买者带来的利益。如利用率更高，用量省、浪费少、更划算；水肥并施、省工省力；养分配比合理，满足杞果生长的各种需要。二是情感诉求。通过使 X 县杞果种植户产生正面情感，来激励其购买行为。如通过媒体报道甲化肥厂为了当地农户的利益，不惜重金、努力研究 A 化肥。三是道德诉求。这种方法是诉求于人们心目中的道德规范，促使人们分清是非，弃恶从善，如遵守交通规则、保护环境、尊老爱幼等。甲化肥厂可以在企业形象宣传中突出 A 化肥环保、不损害果农身体健康等优点。

（2）信息结构

信息结构也就是信息的逻辑安排，主要解决三个问题：一、是否做出结论，即提出结论还是由受众自己做出结论。二、是单面论证还是双面论证，即只宣传商品的优点还是既说优点也说不足。三、表达顺序，即沟通信息中把重要的论点放在开头还是结尾。针对 X 县杧果种植户的行为习惯和接受能力，应采取直白、简明的信息结构，加强思维冲击。

（3）信息形式

信息形式的选择对信息的传播效果具有至关重要的作用。如在印刷广告中，传播者必须决定标题、文案、插图和色彩，以及信息的版面位置；通过广播媒体传达的信息，传播者要充分考虑音质、音色和语调；通过电视媒体传达的信息，传播者除要考虑广播媒体的因素，还必须考虑传播者的仪表、服装、手势、发型等体语因素；若信息经过产品及包装传达，则特别要注意包装的质地、气味、色彩和大小等因素。

（4）信息来源

由谁来传播信息对信息的传播效果具有重要影响。如果信息传播者本身是接收者信赖甚至崇拜的对象，受众就容易对信息产生注意和信赖。对 X 县杧果种植户而言，当地农业技术推广机构的专家是他们心目中的权威。可以请杧果种植技术人员科普液体肥相较固体肥的优点，介绍液体肥的使用方法和注意事项。使用媒体推广时，注意选择当地有影响力的媒介。

4. 选择信息沟通渠道

信息沟通渠道通常分为两类：人员沟通与非人员沟通。

（1）人员沟通渠道

人员沟通渠道是指涉及两个或多个人之间的直接沟通，可以是当面交流，也可以通过电话、信件甚至网络聊天等方式进行。这是一种双向沟通，可以立即得到对方的反馈，并能够与沟通对象进行情感渗透，因此效率较高。在购买行为涉及的产品昂贵、风险较大或不常购买，以及产品具有显著的社会地位标志时，人员的影响尤为重要。对 X 县杧果种植户来说，化肥的选择影响当年的收成，也会影响家庭全年的收入，所以更换化肥是一件较为慎重的事情。在 A 化肥新上市阶段，会面临很多不理解甚至非议，因此，要加大人员沟通的力度。可以按照村镇的范围，选择、培育一批客户代表，先行试用并协助推广，给予推广提成。客户代表比公司业务员的可信度高，更容易让果农接受。

（2）非人员沟通渠道

非人员沟通渠道指不经人员接触和交流而进行的一种信息沟通方式，是一种单向沟通方式。包括大众传播媒体、气氛和事件等。大众传播媒体面对广大的受众，传播范围广；气氛指设计良好的环境因素制造氛围，如商品陈列、POP 广告、营业场所的布置等，促使消费者产生购买欲望并促成购买行动；事件指为了吸引受众注意而制造或利用的具有一定新闻价值的活动，如新闻发布会、展销会等。

对 A 化肥而言，单纯的人员推销虽然有效，但效率较低。如果果农没有在其他媒体接触过 A 化肥产品，接受人员推销的过程会比较长。甲化肥厂可以在当地采取具有地方特色的推广方式，如进村刷墙、定制农资站匾额、发放定制的小礼品（扇子、雨伞、折叠凳）等各种方式，烘托新产品上市的氛围，促使 X 县杧果种植户了解该类型产品，并有一个基本概念，这样一来，与人员推销配合才能达到事半功倍的效果。此外，在大众传播媒体传播 A 化肥介绍有利于促销活动的延续性，相关媒体投放可以持续开展，线上线下互动，通过多重措施加深 X 县杧果种植户对 A 化肥的印象。

三、提升促销氛围的创新方法

以山东某分公司推广绞肉机为实例，通过这个新品的推广活动就可以看出厂家如何利用促销推广活动来达到厂家提高产品和品牌知名度、提升销售量的目的。

促销活动一般可以达到的目的很多，例如，增加市场销售额、发展新的顾客、激励顾客连续反复地购买、培养和增加顾客的忠诚度、塑造公众的品牌意识、转移公众对于价格的注意、争取展示机会宣传推广、竞争性拦截阻挠等。然而，一场好的促销活动所能达到的目的也不可能过多。也就是说，厂商和商家不应希望自己做一场活动就能够实现所有目标，或者是解决所有的市场问题。因此，厂商在策划一场促销推广活动时，一定要满足符合广大目标市场的兴趣、促销激励强、促销活动的高知名度以及对于参与者的限制少等要素条件。

打折和赠品是中国厂商促销推广采取最多的两种方式。尽管这些方式在短时间内确实可以达到提升销售量的作用，但是其副作用也非常明显，尤其是打折降价，它不利于日后销售的持续性、利润水平的保持和品牌形象高度以及消费者忠诚度的保持等，容易引起价格战或者竞争者的反击行动。而赠品的管理难度也是非常大的。所以，如何做好促销推广活动已经成了商家销售过程中面临的一个新的课题。如促销活动的真正目的是什么、如何做好差异化的促销活动、促销活动怎么做才能既有人气又有销售量等。

一个产品的市场发展分为多个阶段，如导入期、成长期、成熟期和衰退期等。每个促销推广活动的策划都要根据产品所处的不同阶段而制定。例如，在产品的导入期，为使产品尽快切入市场，产品的营销投资是较高的。较多的广告或者公关活动才可以使产品知名度迅速提高。同时，可以开展规模较大的以激励消费者试用为目的的销售促进活动，并且由推广人员负责开发通路和产品的铺市等工作。

在产品导入期，由于消费者对产品或服务尚缺乏信任，直接的广告宣传并不能起到预期的效果，反而造成大量的资源浪费。所以，初期公关的最主要目的有两个：建立信任，培养初始口碑人群。后者的效果体现会更加直接一些。所以，绞肉机的促销推广活动要以让消费者体验产品为主，目的是创造第一批用户。同时，通过新品的促销推广，带动其他产品的销售，从而扩大某品牌的影响力和消费者的认知度，创造更多的用户和用户体验。绞肉机作为小家电市场一个品类，在推广前期，利用推广活动和广告来造势，创造用户需求，树立品牌认知形象。同时，将绞肉机的差异化焦点定在"精绞、快、全适应"几方面。

第二节　人员推销策略

人员推销，是指推销人员在一定的推销环境里，运用各种推销技巧和手段，说服用户接受企业的商品，从而既能满足用户需要，又能扩大企业销售的活动。推销活动具有双重目的，即满足用户需求与实现扩大销售。现代推销是一种互惠互利的活动，必须同时满足企业和用户双方的利益，解决双方的问题，而不能仅考虑一方利益，一厢情愿则无法达成交易。

人员推销的主要任务如下：首先，为顾客提供服务。它包括了解用户需求；提供商品信息，帮助选购；化解用户与企业间的矛盾等。其次，为自己的公司提供最佳服务。它包括推销商品；协助企业收回货款；提供必要的报告；积极参加各种销售会议；建立企业的良好声誉或扩大企业的影响等。最后，推销人员必须努力完成既定的促销任务，严守公司机密；不断研究推销术，自我充实，提高业务素质。因此，人员推销是传递商品信息，说服用户购买的过程。这一过程包括七个阶段，推销人员应根据具体情况运用不同的推销程序及策略。

一、人员推销的任务和作用

人员推销是指企业通过派出销售人员与一个或一个以上可能成为购买者的人交谈，做口头陈述，以推销商品，促进和扩大销售。人员销售是销售人员帮助和说服购买者购买某种商品或劳务的过程。

（一）人员推销的特点

（1）信息传递的双向性。

（2）推销过程的灵活性。

（3）满足需求的多样性。

（4）推销目的的双重性。

（二）人员推销的基本形式

（1）上门推销。

（2）柜台推销。

（3）会议推销。

（三）人员推销的步骤

识别潜在客户—事前准备—接近—介绍—应付异议—成交—事后跟踪。在商业活动中，人员推销作为一种直接、个性化的营销手段，其成功与否往往依赖一系列精心策划与执行的步骤。这一过程不仅要求销售人员具备专业的产品知识，还需掌握高超的沟通技巧与人际交往能力。以下是对人员推销步骤的深入剖析，每个环节均力求详尽阐述。

1. 识别潜在客户

人员推销的第一步，也是最为关键的一步，在于精准地识别潜在客户。这一过程如同在茫茫人海中寻找灯塔，需要销售人员具备敏锐的市场洞察力和判断力。首先，销售人员需明确目标客户群体的特征，包括但不限于行业属性、企业规模、需求偏好等。随后，通过各种渠道如市场调研、数据库分析、行业展会等，搜集并筛选潜在客户的信息。在识别过程中，销售人员应注重信息的准确性和时效性，确保后续推销活动的有效性。

识别潜在客户不仅仅是数据的堆砌，更是一次深度的市场洞察。销售人员需深入了解客户的业务模式、市场地位及面临的挑战，以便后续能够提供更加贴近客户需求的解决方案。同时，保持对行业动态的敏感度，及时捕捉市场变化带来的新机遇，也是提升识别效率的关键。

2. 事前准备

"工欲善其事，必先利其器。"在正式接触客户之前，充分的事前准备是确保推销活动顺利进行的基础。这包括但不限于产品知识的熟练掌握、竞争对手情况的分析、推销策略的制定及个人形象的塑造。

熟练掌握产品知识是销售人员的基本功，只有对产品的性能、优势、应用场景等了如指掌，才能在面对客户提问时自信作答。同时，了解竞争对手的产品特性及市场策略，有助于销售人员更好地定位自家产品的差异化优势，增强说服力。推销策略的制定则需根据客户的具体情况灵活调整，包括推销话术的设计、演示材料的准备及谈判策略的选择等。此外，个人形象的塑造同样重要，得体的着装、专业的态度、良好的沟通技巧都能为销售人员加分不少。

3. 接近客户

接近客户是推销活动的实质性开始，也是考验销售人员心理素质和沟通技巧的关键时刻。在这一阶段，销售人员需要克服内心的紧张与不安，以自然、友好的方式与客户建立初步的联系。

接近客户的方式多种多样，可以通过电话预约、邮件邀请、社交媒体沟通或直接拜访等方式进行。无论采用何种方式，销售人员都应保持礼貌、尊重的态度，简明扼要地介绍自己的身份和来意，同时注意观察客户的反应，适时调整自己的沟通策略。在接近过程中，建立信任感尤为重要，销售人员可以通过分享行业见解、提供有价值的信息等方式，逐步拉近与客户的距离。

4. 介绍产品与服务

一旦成功接近客户并建立起初步的信任关系，接下来便是详细介绍产品与服务的关键环节。这一过程要求销售人员能够清晰、准确地传达产品的核心价值与优势，同时根据客户的实际需求进行定制化推荐。

在介绍过程中，销售人员应避免使用过多的专业术语或晦涩难懂的表述方式，而应采用通俗易懂的语言和生动的案例来增强说服力。同时，注重与客户的互动交流，鼓励客户提问并耐心解答，以便更好地了解客户需求并调整介绍内容。此外，通过演示产品功能、展示成功案例或提供试用体验等方式，也能有效提升客户的购买意愿。

5. 应付异议

在推销过程中，遇到客户的异议是不可避免的。这些异议可能来自于对产品性能的疑虑、对价格的敏感或对竞争对手的偏爱等。如何有效应对异议，成为销售人员必须掌握的技能之一。

面对客户的异议，销售人员首先应保持冷静、有耐心，认真倾听客户的观点并理解其背后的原因。随后，根据具体情况采用合适的应对策略进行解答或反驳。例如，对于产品性能的疑虑，可以通过提供权威认证、客户反馈或现场演示等方式来消除客户的顾虑；对于价格敏感的客户，则可以强调产品的性价比、售后服务或优惠政策等方面的优势来引导客户做出决策。

6. 促成成交

在成功应对客户的异议并消除其顾虑后，销售人员应适时提出成交请求，并引导客户完成购买流程。这一过程需要销售人员具备敏锐的成交意识，掌握高效的成交技巧。

在提出成交请求时，销售人员应注意时机的选择和语言的表达方式。避免过早或过晚提出成交请求导致客户反感或犹豫不决；同时用积极、正面的语言来激发客户的购买欲望并增强其信心。在引导客户完成购买流程时，销售人员应耐心解答客户的疑问并提供必要的协助和支持，同时确保交易过程的透明度和公正性以赢得客户的信任。

7. 事后跟踪与维护

成交并不意味着推销活动的结束而是新关系的开始。销售人员应重视成交后的客户跟踪与维护工作以确保客户满意度并促进后续合作。

在成交后的一段时间内销售人员应保持与客户的密切联系关注客户的使用情况并及时收集反馈意见。对于客户在使用过程中遇到的问题或困难销售人员应提供及时的解决方案和支持以增强客户的满意度和忠诚度。同时销售人员还可以通过定期回访、赠送礼品或提供增值服务等方式来加深与客户的联系并促进双方关系的进一步发展。

综上所述，人员推销的每一步都需要销售人员的精心策划与不懈努力。只有在每个环节都做到尽善尽美才能赢得客户的信任与支持，并实现销售业绩的持续增长。

（四）推销员

推销员是实现公司与消费者双向沟通的桥梁和媒介之一，推销员在公司的营销活动，特别是促销活动的地位和作用是不容忽视的，是公司里最重要、最宝贵的财富之一，它是公司生存和发展的支柱。在推销过程中，推销员就是企业的代表和象征，推销员有现场经理、市场专家、销售工程师等称号。越是处在竞争激烈、复杂的市场环境，企业越需要应变能力强、创造力强的开拓型推销员。推销员的任务包括以下几个方面：

（1）顺利销售产品，扩大产品的市场占有率，提高产品知名度。公司经营的中心任务就是占领和开拓市场，而推销员正是围绕这一中心任务开展工作的。推销员的重要任务就是利用其"千里眼"和"顺风耳"在复杂的市场中寻找新的、尚未满足的消费需求。他们不仅要说服顾客继续购买产品、维护与老顾客的关系，而且还要善于培养和挖掘新顾客，并根据顾客的不同需求，实施不同的推销策略，不断扩大市场占有率，促进公司发展。

（2）沟通信息。顾客可通过推销员了解公司的经营状况、经营目标、产品性能、用途、特点、价格等方面信息。推销员要刺激消费者完成从需求产生到购买行为完成的全过程同时，推销员还肩负着收集和反馈市场信息的任务，及时了解顾客需求、需求特点和变化趋势，了解竞争对手的经营情况，了解顾客的购后感觉、意见和看法等，为公司制定有关政策、策略提供依据。

（3）推销商品，满足顾客需要，实现商品价值转移。推销员在向顾客推销产品时，必须明确他推销的不是产品本身，而是隐藏在产品背后的对顾客的一种建议，即告诉顾客，通过购买产品，他能得到满足某些方面的需求。同时，要掌握顾客心理，善于运用推销技巧，对不同顾客使用不同的策略。

（4）良好的服务是推销成功的保证。推销员在推销过程中，应积极向顾客提供多种服务，如业务咨询、技术咨询、信息咨询等。推销中的良好服务能够增强顾客对企业及其产品的好感和信赖。

（五）推销员的业务素质

（1）推销员必须对其所代表的公司有一个全面了解：熟悉公司发展史，对公司历年财务状况、人员状况、领导状况及技术设备都了如指掌，因为这些知识都有助于增强顾客对推销员的信任。推销员还必须掌握公司的经营目标和营销策略，并能够灵活运用和解释它们。同时，还应该学会巧妙运用统计资料来说明公司的地位，力争在顾客心目中树立起良好的公司形象。

（2）推销员应该是产品专家，应全面了解从产品设计到生产的全过程，熟悉产品性能、特点、使用技巧，熟知产品的成本、出厂价格。还应全面掌握产品种类、设备状况、服务项目、定价原则、交货方式、付款方式、库存、运输条件等。另外，还必须了解竞争产品情况。

（3）推销员一方面需要了解顾客购买的可能性及希望从中得到的利益，另一方面还需要了解顾客购买决策的依据、购买决策权在谁手中、谁是购买者、谁是使用者和消费者等信息。要了解顾客的购买条件、方式和时间，深入分析不同顾客的心理、习惯、爱好和要求。

（4）推销员还要掌握相关知识，主要包括营销策略、市场供求情况、潜在顾客数量、顾客分布地域、购买动机、购买能力、有关法规等。

（5）优秀的推销员还应具备良好的文化素质。对推销员来说，同行竞争的焦点往往是文化素质的差异。在文化素质方面，要求推销员具备一定的专业知识，如经济学、市场学、心理学、经济法、社会学等，除此之外，还应在文学、艺术、地理、历史、哲学、自然科学、国际时事、外语等方面充实自己。博学多才是推销员成功的重要因素。

（6）推销员也应具备相应的法律素质，在工作中要有强烈的法律意识和丰富的法律知识。推销工作是一项复杂的社会活动，受到一定的法律法规制约。推销过程中，推销员应注意衡量自己的言行是否合法，以及会给社会带来什么后果。

（7）人员推销实际上是一种交际活动。推销员是公司的"外交官"，这要求他们讲究必要的推销礼仪。具体内容如下：

①仪表虽不能绝对反映一个人的内心世界，但作为一个推销员，必须注意仪表，推销员留给顾客的第一印象往往取决于推销员的外表。顾客喜欢仪表优雅、风度翩翩的推销员，而不喜欢不修边幅、邋遢的推销员。美国著名时装设计师约翰·莫洛伊曾为工商企业界人士写过一本名为《衣着使你成功》的书，其中一部分内容是有关推销员衣着的。他认为，推销员的衣着以稳重大方、整齐清爽、干净利落为基准。他提出了一些供推销员参考的衣着标准。

A. 正统西服或轻便西式上装。

B. 干净、平整。

C. 衣服颜色要慎重选择，尽量保持大方、稳重。

D. 尽可能不佩戴代表个人身份或宗教信仰的标志，除非确知推销对象与自己的身份或信仰相同。

E. 发蜡勿涂抹过多，以免使人感觉油腻恶心。

F. 不要戴太阳镜，因为眼神交流中能给顾客以可信赖感。

G. 首饰不要佩戴过多，以免使人觉得俗不可耐。

H. 服饰上不要佩戴过多装饰物。

I. 可适当佩戴公司标志或与推销品相符的饰物，以使顾客对企业及推销品加深印象和联想。

J. 公务包要大方。

K. 配高档笔。

L. 领带要质地优良。

M. 尽量不脱去上装，以免削弱推销员的权威。

N. 出发前从头到脚自检。

推销员的穿着要反映时代气息，朝气蓬勃、庄重大方的衣着可增强推销员的自尊心和自信心，使他勇气十足、信心百倍，推销时效果最佳。

②推销员在言谈方面，应做到语言表达准确，避免措辞含糊不清；注意使用规范语言，除特殊场合外，一般应讲普通话和官方语言；使用礼貌语言，杜绝粗俗语言；不要讲口头语；还应注意讲话的语音语调，确保发音清晰、速度适中，避免病句和错别字；讲话不应声嘶力竭或有气无力。总之，讲话要准确规范，富于表现力。

③推销员在举止方面，应注意遵守一些基本的准则，如敲门要轻，并保持一定距离；打招呼、问候应主动、热情、适当；登门拜访顾客时应后于顾客落座，切忌乱动顾客的东西；谈话时态度温和，坐姿端正并稍向前倾，认真、用心倾听，切忌东张西望、心不在焉，回答问题时不要直接顶撞，需要否定对方意见时可用委婉语气；谈话时应不慌不忙，动作适度，站立时切忌双手倒背，交换名片时应双手呈递和双手接受，以示对对方的尊重，切忌一边访谈一边摆弄顾客的名片；必须注意克服不停眨眼、挖鼻孔、皱眉、掰手、咬嘴唇、搔头、挖耳朵等坏习惯。

④其他相关礼节。要注意顾客身份、年龄，选择适当的话题，不要千篇一律地用同一种形式打招呼。若除顾客外还有其他人如顾客的朋友在

场，不能忽略他们，否则是不礼貌和不明智的。打电话时语气要温和、礼貌，接电话时最好先自报姓名和单位；若拨错号码，要向对方表示歉意。通常情况下，推销员不要吸烟，因为吸烟本身是不文明的行为，它不仅对自己的健康有害，而且对他人危害更大，推销时吸烟，往往会分散顾客的注意力，甚至冒犯顾客，不利于推销工作的开展。推销员在接受顾客的饮料时，要起身双手接过来并道谢，饮用时忌牛饮，声音过大。若要宴请顾客，在宴请地点和菜品选择方面考虑顾客的心理和喜好，注意陪客人数不宜超过顾客人数，不能饮酒过量、醉酒，不能留下顾客，自己先离席，不要当着顾客的面付账。

（六）推销员的三种类型

1. 订货开发人员

订货开发人员的工作是寻找新顾客，向他们推销产品，说服现有顾客增加购买量。订货开发人员要具备发现潜在顾客的能力和帮助现有顾客认识产品新用途的能力。

2. 订货接受人员

订货接受人员主要进行对产品的重复销售工作。其对象只是与老顾客打交道。这类推销员表面上看只是一般办事员，其实他们的作用是不可低估的。若工作不得力，原有客户就有可能转移到其他公司去，导致本公司竞争失利。

3. 推销辅助人员

很多公司往往雇用推销辅助人员来帮助推销员完成某些特殊任务。如情报人员，他们的主要任务是帮助推销员完成公司与中间商之间的沟通，如提供信息、传递信息、解答问题等，并非直接推销产品。例如，交易、推销人员。这类人员通常是订货接受者,但也有帮助中间商推销商品的责任。又如技术人员,主要从事技术复杂的产品推销工作。

二、促销方式

随着社会的发展和科技的进步,人们生活水平越来越高,对于商品的选择也越来越挑剔。现如今,百货商厦越来越多,竞争也越来越大,要想吸引更多的顾客,获取更多的利润,不仅要出售更为多样化、更高质量的商品,更要运用一定的策略来开发更多客源,留住老顾客。在我国,一般企业通常会采用薄利多销的方式来提高整体的收益,因此多样的促销方式不断地在市场中出现。这些促销方式,一方面招来了更多的顾客,另一方面也为企业的管理带来了更大的负担。商品的销售与税收有着直接的关系,因此,企业在采取促销方式的时候,必须充分考虑税收问题,对税收进行合理筹划,才能让促销为企业带来更多利润。

(一)折扣销售的促销方式分析

1.折扣销售的实施方式

折扣销售也就是我们通常所说的打折,这是百货销售中最常见的一种促销手段,也是让顾客最直接地节省花销的方法。简单来说,折扣销售就是在商品原有价格的基础上,通过按照一定比例降价,吸引顾客前来购买。通过打折的方式,降低商品利润,使商品的总销售量大大增加。这种促销方式,能够使不确定是否消费该商品的顾客变为消费的顾客,使购买该商品的顾客数量增加,如此一来,商品的总销量大幅度上升,虽然每一件商品的利润减少,然而对于百货企业来说,总的利润却增加了。

2. 折扣销售的税收筹划

关于在打折促销中的税收，我国的税法中有明确的规定，企业在缴纳税费时，应当按照打折后的销售金额为准，同时也要求，所开出的发票中必须标注出原价以及折扣数额。如此一来，同一商品，百货企业在打折销售中所缴纳的税费要比以原价销售缴纳的税费减少一部分，这也就意味着，除了销售量增加为企业带来的利润，企业还能减少税费的开销，在一定程度上，为企业降低了销售成本，相对来说，又可以增加一部分利润。

（二）捆绑销售的促销方式分析

1. 捆绑销售的实施方式

捆绑式销售通常分为两种方式。一种是顾客在买一种商品的时候，百货企业为顾客赠送一定量的同种商品。另一种方式是免费赠送或可以以低价同时购进两种商品。第一种方式，也就是我们常见的"买一赠一""买N赠一"等，这种促销方式比较适用于小型日用品的销售。这种促销方式，能够使同一位顾客一次性购买多件同类商品，对于那些急于销售、企业急需资金回流的商品的促销效果格外明显。第二种方式则是，顾客想要购买商品A，而企业提出，购买可以赠送商品B，或者以总价较低的方式同时购买A和B商品。这种销售方式适用于两种销售业绩相差较大的商品中。以此来以销量较好的商品带动销量较差的商品，使其销售量增加。而就利润方面来说，销售量大的商品的利润就会向销售量小的商品流动。

2. 捆绑销售的税收筹划

对于这种促销方式的税费，我国税法中则规定，销售中所赠送给顾客的赠品是一种商业捐赠的形式，在税收方面应当与销售采取相同的税收方式。也就是说，无论是"买一赠一""买N赠一"，还是购买商品A赠送商品 B，百货企业都要对所有出售的商品支付相应的税费。而对于同时销售的商品，则可以按照统一价格来征收税费。也就是说，商品 A 和商品 B 进行捆绑销售时，可以按照统一的价格来收取税费。这也就意味着，在销量、成本、利润相同的条件下，同时销售两种商品却可以少缴纳一部分税费。然而，在不同的条件下，这两种捆绑式销售方式各有所长，在销售与税收筹划中，还应当根据具体情况具体分析。

（三）满返、满减、满变等促销方式分析

1. 满返、满减、满变的实施方式

这几种促销方式的共同点就是促使顾客消费满足一定的金额。满返，指的就是当顾客消费满足一定的金额时，返还顾客一定数量的现金或购物券。例如，商品 A 原售价为 500 元，促销活动规定为满 300 元返 100 元，这时，企业在收入 500 元的同时，还支出了 100 元；满减指的则是当顾客消费金额满足一定数额时，顾客可按照扣减后的数额来交付费用。例如，商品 A 的售价为 500 元，促销活动规定，满 300 元，减 100 元，顾客只需支付 400 元即可买到商品 A，这种促销方式与折扣类似，可以说是折扣的一种演变；满变，则是一种介于满返和满减之间的一种促销方式，当顾客消费满足一定金额之后，顾客可以以同商家商量好的金额购买较高价格的商品。这三种促销方式，前提是要求顾客消费满一定额度，而顾客则会为了能够享受到这种促销，购买更多的商品。然而，这三种促销方式，往往规定的消费金额较高，部分顾客会因为达不到金额而放弃。

2. 满返、满减、满变的税收筹划

该种折扣方式所涉及的商品、价格数目较多，在进行税收筹划时需要考虑多个项目，百货企业要想从这种促销方式中获得更多的利润，就要对多种商品、多种价位进行细致的计算，从而衡量出哪一种才是最佳促销方式。

这为企业的财务管理带来了更大的工作量。因此，企业选用这几种促销方式还须多慎重。对于满返的促销方式，顾客在购买商品A时所返还的购物券，也许会用到商品B的购买中，百货企业若想有目的地对某些商品进行促销，可以在赠送购物券时规定哪些商品可以使用；对于满减的促销方式，由于所需要满足的额度有了明确的规定，而未满额度的部分，没有折扣或折扣力度较小，这就需要控制折扣点的力度；对于满变的促销方式，由于其性质介于满返和满减之间，应当根据销售实际情况，来制定具体的促销措施，并做好税收筹划。

（四）满额送礼品的促销方式分析

1. 满额送礼品的实施方式

相对于前几种削减销售利润的促销方式来说，满额送礼品则是通过增加百货的营业费用来达到促销的目的。满额送礼品，这个概念并不难理解，也就是说，顾客在消费满一定金额之后，商场将会赠送一些商品作为礼品。消费额度既可以是一次性的，即本次购物消费达到一定的金额时，可以立即领取礼品，也可以是通过积分的方式，让顾客在多次的购物之后，达到一定的消费金额，商场将一次性赠送某种礼品。抑或顾客消费达到一定的金额之后，凭借发票等消费记录抽取奖品。无论是哪种方式，都对顾客的消费金额提出了一定的要求；同时，百货企业也要拿出另一部分的资金作为顾客购买礼品的费用。这种促销方式要求企业有足够充裕的资本，并且资本回收周期较长，尤其是以积分的形式，为多次消费金额达到要求的顾客赠送礼品。而这种促销方式的优点则是，有利于留住更多的老顾客，为长期的销售业绩奠定基础。

2. 满额送礼品的税收筹划

满额赠送礼品这种促销方式所需要担负的税费与"买一赠一"的促销

方式是一样的，我国的税法规定，企业赠送给顾客的商品应当视同销售，并且按照市场价格征收税费。这也就意味着，企业将这些礼品赠送给顾客，不仅未能获取利益，还要担负所有的成本和税收，因此而增加的营业费用，需要从商品销售所获得的利润中收取回来。因此，企业在采取这种促销方式的时候，应当合理地估计需要缴纳的税费，并通过精确的计算，确定合理的赠送礼品的价值、顾客消费的额度，以便保证既能吸引顾客消费，又能让企业获得更多的利润。

随着百货企业的不断发展，这些促销的方式将会根据销售所需而得到合理地利用。各种促销方式之间存在着不同的差异，在促销的过程中既存在优势也存在缺陷。在实际的促销活动中，还要注意以下几个问题。首先，要充分了解与税收相关的法律法规，明确政府对于税收方面做出的政策指导，使百货企业能够把握好法律与政策的时机，为百货企业寻求更多的发展商机。其次，要从百货企业的整体情况出发，为其未来的长久发展做打算，将促销策略与税收筹划相结合，促进百货企业的统一性发展。最后，百货企业在运用促销手段的时候，就要做好承受风险的准备，防止因促销和税收筹划不合理而带来的损失。基于促销方式与税收筹划两方面的充分考虑，灵活选择不同的促销方式，才能让百货企业在这种运营方式中获得更大的收益，获得更为长久的发展机会。

第三节　营业推广策略

营业推广（Sales Promotion），也叫销售促进，是企业在某一段时期内采用特殊的手段，对消费者和中间商实行强烈刺激，以促进企业销售量迅速增长的非常规、非经常性使用的促销行为。由于营业推广对短时间内争取顾客、扩大购买具有特殊的作用，因此，在很多国家，营业推广占促销预算的比例越来越大。

一、营业推广的作用与局限

营业推广，特别是针对消费者的营业推广，其市场意义主要表现在三方面。第一，缩短产品入市的进程。使用营业推广，旨在一段时间内调动人们的购买热情，使顾客尽快地了解产品。第二，激励消费者初次购买。消费者一般对新产品抱有抗拒心理，不愿冒风险尝试新产品。营业推广可以通过较低的初次消费成本，降低消费者使用新产品的风险，从而让消费者更愿意接受新产品。第三，激励使用者再次购买，建立消费习惯。当消费者试用了产品以后，如果基本满意，可能会产生重复使用的意愿，营业推广可以强化这种意愿。如果有一个持续的促销计划，就可以使消费群基本固定下来。此外，营业推广也是提高销售业绩和竞争的重要手段。

但营业推广也存在很多局限性，主要表现在以下几点：第一，影响面较小。它往往是广告和人员销售的一种辅助促销方式。第二，时效较短，难以建立品牌形象和顾客忠诚度。它是企业为创造声势、获取快速反应的一种短的促销方式。第三，容易使顾客产生疑虑。过分宣传或长期频繁使用营业推广手段，容易使顾客对卖家产生疑虑，对产品质量或价格的真实性产生怀疑。

二、营业推广的主要方式

营业推广的主要对象包括消费者与中间商，不同对象使用的营业推广形式也不同。

（一）对消费者的营业推广方式

企业针对消费者的营业推广方式很多，可将它们概括为四大主题群：价格、赠送、奖励、展示。

1. 以价格为核心的营业推广

让消费者能够以更低的价格购买到同样的商品，或以同样的价格买到更多的商品，从而满足消费者求廉求实惠的心理需求。具体方式有：

（1）折扣。企业在销售商品时按标示价格的一定幅度降价销售。常用于高价商品以及为防御竞争者而进行的促销活动。

（2）买赠。买赠是一种短期降价的方式，即在交易中向消费者免费赠送一定数量的同种或相关商品，如很多商场经常进行的"买一送一"等活动。也有些生产商会采用套装赠送的方式，比如，剃须刀与刀片、牙膏与牙刷，或价格优惠的二合一套装，套装的产品一般彼此相关。

（3）优惠券。企业向顾客邮寄的商品、广告附页中附赠的小面额代金券，消费者可以凭此券在购买某种商品时免付一定金额。凭券优惠活动比较适合品牌知名度较高、产品形象好的企业，也可用于新产品促销。

（4）加量不加价。即消费者购买一定数量或金额的产品后，按一定比例赠送简易包装的同类产品。该方法常用于单价较低、包装简单、使用频繁的日用消费品。

（5）凭证促销优惠。消费者依据某种凭证在购买某些商品时可以享受优惠。凭证促销的一种方式是优惠券促销。与前面提到的可免费获取的优惠券不同，这种优惠券是顾客消费达到一定金额时，给消费者发放的一种再次购物时享受折让的有价凭证。通常这种优惠券只能在指定的区域和规定品类中使用，一般只能购买那些正常价格内的商品，而不能用于特价商品。另一种常用的方式是以旧换新。即消费者在购买新商品时，如果能把同类旧商品交给商店，就能抵扣一定的价款，旧商品起着折价券的作用。以旧换新的目的，主要是为了消除旧商品形成的销售障碍，以防消费者因为舍不得丢弃尚可使用的旧商品而不买新商品，通常用于汽车、电视机等耐用消费品的促销。

2. 以赠送为核心的营业推广

企业为影响消费者的行为，通过低价或免费派送商品，来介绍产品的性能、特点和功效，建立与消费者之间友好感情联系的一种营业推广方式。

（1）样品派送。企业向消费者赠送商品的样品，让消费者免费试用以了解商品的性能与特点。派送的方式可以是上门赠送或邮件寄送，也可以在公共场所或购物点派发，还可以随其他商品附赠。这是介绍新产品最有效也是最昂贵的方法，适用于比竞争产品有优势的低价快速消费品。

（2）积点优惠。也叫商业贴花，种类繁多，目的是鼓励消费者重复购买和经常光顾。具体做法是根据消费者的购买金额或光顾次数计算积分，积分可以兑换礼品或折算成一定金额用于抵扣货款。这种方法适用于竞争激烈的同质化商品。

3. 以奖励为核心的营业推广

企业为激励消费者关注和购买产品，而提供现金、实物、荣誉称号或旅游券等奖励方式。这种营业推广的关键在于创造浓厚的参与氛围，使顾客乐于参与。

（1）有奖销售。消费者通过购买厂家产品而获得抽奖资格，并通过抽奖来确定自己的奖励额度，它可以刺激消费者大量购买企业的产品，因为消费者一旦中奖，奖品的价值往往很诱人，许多消费者都愿意去尝试这种无风险的有奖购买活动。

（2）有奖竞赛。厂家通过精心设计一些有关企业和产品的问答知识，让消费者在促销现场竞答来宣传企业和产品。竞赛的奖品一般为实物，但也有提供免费旅游的。企业有时通过电视台举办游戏性质的节目来完成竞赛，也可以是在卖场门口的广场上与顾客互动，其目的都是为了宣传企业和产品，促进销售。

4. 以展示为核心的营业推广

这种营业推广的典型形式是现场演示。现场演示促销是为了使顾客迅速了解产品的特点和性能，通过现场为顾客演示产品性能和具体操作方法，刺激顾客产生购买意愿。比如，一些小家电厂家经常会在大卖场的主通道向消费者现场演示产品的使用方法。具体有蒸汽熨斗、食品加工机、各种清洁工具等。演示地点的设置既不能影响卖场主通道的人流，又要给消费者的驻足观看留有一定的空间。现场演示最大的好处是能够让顾客身临其境，得到对产品的感性认识。

此外，分期付款、展销会、退费优待等也是常用的营业推广形式。

（二）对中间商的营业推广形式

1. 价格优惠

企业为争取批发商或零售商多购进自己的产品，在某一时期内给经销本企业产品数量大的批发商或零售商提供一定的价格折扣。

2. 补贴

企业为促使中间商购进企业产品并帮助企业推销产品，可以支付给中间商一定的津贴。主要形式有以下几种：

（1）货位津贴。这是生产商为获得新产品占有货架或地面最好位置的特权而支付的费用，价格不等。

（2）广告津贴。生产商常常给零售商补贴广告的全部费用或部分费用作为广告津贴。一般来说，消费用品的广告津贴比工业用品的广告津贴更为常见，主要是大型生产商提供的。不过，有些小企业对经销量大的客户也提供这种优惠。

（3）回购津贴。在推出新产品时，生产商有时会向零售商提供回购津贴，购回尚未售出的旧产品。为了促使零售商经销自己的产品，有些生产商甚至回购竞争对手的存货。

（4）陈列津贴。这是补贴店铺为生产商腾地方和安装陈列品的费用。

（5）扶持零售商。生产商对零售商专柜的装潢予以资助，提供POP广告，以强化零售网络，增加销售额；还可派遣厂方信息员或代培销售人员。其目的是提高中间商推销本企业产品的积极性和能力。

（6）零售补贴。企业降低产品零售价后，为了弥补零售商的损失，而在给零售商的供货价上实行价格补贴，维持降价前零售商的利润。

3. 激励

对积极销售本企业产品的中间商进行鼓励。主要形式有两种。

（1）销售竞赛。根据各个中间商销售本企业产品的实绩，分别给优胜者以不同的奖励，如现金奖、实物奖、提供免费旅游等，以起到激励的作用。

（2）销售奖励。对完成销售目标的中间商提供奖励。

4. 会展

会展是会议展览的简称，会展的形式可以是展示会、交易会、展览会或商业市场。会展是生产商、批发商和分销商进行交流、沟通和贸易的汇聚点。通过会展可以进行企业的品牌展示，及时得到客户的反馈，也有助于企业建立并维持与利益相关者的关系，树立在市场中的整体形象。企业还可以通过中间商聚会来推介新产品，公布营业推广方案或展示新广告战略。

（三）对销售人员的营业推广形式

生产商可以对两类销售人员进行营业推广，一是本企业的销售人员，二是中间商的销售人员，鼓励他们推销新产品或处理某些老产品，以及激励他们积极开拓新市场。具体方式与对中间商的营业推广形式有相似之处。

1. 销售竞赛

在推销员中发起销售比赛，对销售额领先的推销员给予奖励，以此调动推销员的积极性。

2. 销售红利

预先规定推销员的销售目标，对超过目标的推销员给予一定比例的红利，以鼓励推销员多推销商品。

3. 销售回扣

从销售额中提取一定比例作为销售人员推销商品的奖励。此外，免费提供人员培训、技术指导等也是常用的方式。

三、营业推广的步骤

（一）确定推广目标

营业推广目标的确定，就是要明确推广的对象是谁、要达到的目的是什么。只有知道推广的对象，才能有针对性地制定具体的推广方案，例如，是为达到培育忠诚度的目的，还是以鼓励大批量购买为目的。

（二）选择推广工具

营业推广的方式方法很多，但如果使用不当，则适得其反。因此，选择合适的推广工具是取得营业推广效果的关键因素。企业一般要根据目标对象的接受习惯和产品特点、目标市场状况等来综合分析选择推广工具。

（三）促销方式整合

营业推广要与营销沟通的其他方式如广告、人员销售等整合起来，相互配合，共同使用，从而形成营销推广的大声势，以取得单项推广活动所达不到的效果。

（四）确定推广时机

营业推广的市场时机的选择很重要，如季节性产品、礼仪产品，必须在季前节前或节假日前做营业推广，否则就会错过了时机。

（五）确定推广期限

推广期限即营业推广活动持续时间的长短。推广期限要恰当。过长，消费者新鲜感丧失，觉得习以为常，起不到刺激需求的作用，甚至会产生疑问或不信任感；过短，一些消费者还来不及享受营业推广的实惠。

当然，成功的营业推广活动还应该确定合理的推广预算，科学测算营业推广活动的投入产出比。

四、评价营业推广的效果

企业在营业推广活动结束后，还需要对本次营业推广的效果进行评价，以积累经验，为今后进行更有效的营业推广活动做准备。评价营业推广的效果通常有三种方法：

（一）销售量评价法

销售量评价法是通过比较营业推广前、中、后各时期销售量的变化情况，以评价营业推广效果的一种方法。一般来说，营业推广会带来销售量的增加，但有些情况需要具体分析。

一种情况是营业推广时销售量会增加，但一段时间后销售量逐渐下降，并逐渐恢复到正常水平，而且不会比营业推广前水平更高，这说明营业推广促销只是改变了顾客购买的时间，并没有扩大产品的总需求量，不具有长期效果。

另一种情况是营业推广时销售量增加，之后销售量下降，但过一段时间后，销售量再次增加，达到比以前更高的水平，这说明营业推广在扩大产品销售量的同时吸引了新客户，取得了长期的效果。

还有一种情况是企业产品的市场份额在营业推广期间只上升了很少或没有改变，活动期一过，销售量就回落并停留在比原来更低的水平上。这说明该产品基本上处于销售衰退阶段，促销活动没有改变产品衰退的趋势。

（二）推广对象调查法

推广对象调查评价法是通过对推广对象进行调查，了解他们对营业推广促销的反应和行动，如推广对象对营业推广活动的印象、是否购买了本企业的产品、对企业或产品的意见和建议等。

（三）实验评价法

企业在条件类似的不同地区采用不同的推广方案，然后比较各种方案取得的效果，分析原因，为今后选择最适宜的营业推广方案提供依据。

第六章　市场营销新发展

第一节　服务营销

一、服务营销的内涵

服务营销是指企业在充分认识消费者需求的前提下，为充分满足其需要，在营销过程中所采取的一系列活动。服务营销主要包括如下内容：

1.产品服务，如为分销商举办产品介绍会和培训销售人员，使他们深入了解公司的产品和经营宗旨。

2.销售服务，如帮助分销商改进销售方法。

3.管理服务，如协助分销商拥有现代化的信息处理与沟通手段、提高经营管理水平。

4.宣传促销服务，如帮助分销商吸引客户、扩大销售等。

5.售后服务，如处理由于产品或服务引起的任何问题。

同传统的营销方式相比，服务营销是一种营销理念，企业营销的是服务；而传统的营销方式只是一种销售手段，企业营销的是具体的产品。在传统的营销方式下，消费者购买了产品意味着一桩买卖的完成，虽然它也有产品的售后服务，但那只是解决产品售后维修的问题。而从服务营销理念角度理解，消费者购买了产品意味着销售工作的开始而不是结束。

　　企业关心的不仅是产品的成功售出，更注重消费者在使用产品（服务）时的感受。这一点可以通过马斯洛的需求层次理论来理解，人最高层次的需求是尊重的需求和自我实现的需求，服务营销正是满足了消费者这类需求，而传统的营销方式只是简单地满足消费者在生理或安全方面的需求。随着社会的进步、居民收入的提高，消费者需要的不仅仅是一个产品，更需要这种产品带来的特定或个性化服务，从而有一种被尊重和自我实现的感觉，而这种感觉所带来的就是顾客的忠诚度。服务营销不仅仅是营销行业发展的一种新趋势，更是社会进步的必然产物。

　　服务营销的核心理念是顾客的满意和忠诚，即通过取得顾客的满意和忠诚来促进利益交换，最终获取利润，使得公司有长远的发展。

二、服务营销的优势

　　服务营销的重点放在功能研究上，即提出了以关注服务功能、突出服务功能为中心的企业营销，而不是仅仅把它解释为服务业的营销。随着经济的发展、时间的推移，行业间的界限将愈加淡化，服务营销功能化的作用正不断显现，产品的价值范畴也随之不断扩大。依托服务争取竞争优势的原因主要有以下四个方面：

　　1. 市场供大于求已是必然。

　　2. 产品功能的趋同及差异性缩小。

　　3. 服务的附加值可强化竞争优势，延长产品的生命周期。

　　4. 产品的技术或营销方式的特征优势是短暂的，易被竞争对手模仿。

三、服务营销的管理

为了有效地利用服务营销实现企业竞争的目的，企业应针对自己固有的特点注重服务市场的细分，注重对服务的差异化、有形化、标准化，以及服务品牌、公关等问题的研究，以制定和实施科学的服务营销战略，保证企业竞争目标的实现。为此，企业在开展服务营销活动、增强其竞争优势时应注意研究以下六个问题：

（一）服务市场细分

任何一个服务市场都有为数众多、分布广泛的服务需求者。由于影响人们需求的因素是多种多样的，服务需求具有明显的个性化和多样化特征。任何一个企业，无论其能力多大，都无法全面满足不同市场服务的需求，也不可能对所有的服务购买者提供有效的服务。因此，每个企业在实施其服务营销战略时都需要把其服务市场或对象进行细分，在市场细分的基础上选定自己服务的目标市场，有针对性地开展营销组合策略，从而取得良好的营销效益。

（二）服务的差异化

服务的差异化是指服务企业面对较强的竞争对手，在服务内容、服务渠道和服务形象等方面提供有别于竞争对手而又突出自己特征的服务，以战胜竞争对手并在服务市场立住脚跟的一种做法。其目的是要通过服务差异化突出自己的优势，与竞争对手相区别。

（三）服务的有形化

服务的有形化是指企业借助服务过程中的各种有形要素，把看不见，摸不着的服务产品尽可能地实体化、有形化，让消费者感知到服务产品的存在、享用服务产品的利益过程。服务的有形化包括三个方面的内容。

1.服务产品的有形化

服务产品的有形化即通过服务设施等硬件技术,如自动对讲、自动洗车、自动售货、自动取款等技术来实现服务自动化和规范化,保证服务行业的前后一致和服务质量的始终如一,变无形服务为有形服务,增强消费者对服务的感知能力。

2.服务环境的有形化

服务环境是企业提供服务和消费者享受服务的具体场所,它虽不构成服务产品的核心内容,但能使人产生先入为主的印象,从而为企业带来经济效益,是服务产品存在的不可缺少的条件。

3.服务提供者的有形化

服务提供者是指直接与消费者接触的企业员工,其所具备的服务素质和性格、言行以及与消费者接触的方式、方法、态度等,会直接影响到服务营销的实现,企业应通过培训等方式保证他们所提供的服务与企业的服务目标保持一致。

（四）服务的标准化

服务产品不仅是靠服务人员,还要借助一定的技术设施和技术条件,它们为企业服务质量管理和服务的标准化生产提供了条件,企业应尽可能地把这部分技术性的常规工作标准化,以有效地促进企业服务质量的提高。

（五）服务品牌

服务品牌是指企业区别于其他企业服务产品的名称、符号或设计,它由服务品牌名称和展示品牌的标识语、颜色、图案、符号、制服、设备等可见性要素构成。创建服务名牌是服务企业提高规模经济效益的一项重要措施。因此，企业应注意服务品牌的研究，通过创建名牌来树立自己独特的形象，以建立和巩固企业特殊的市场地位，在竞争中保持领先的优势。

（六）服务公关

服务公关是指企业为改善与社会公众的联系状况，增进公众对企业的认识、理解和支持，树立良好的企业形象而进行的一系列服务营销活动，其目的是要促进服务产品的销售，提高服务企业的市场竞争力。

服务营销是企业营销管理深化的内在要求，也是企业在新的市场形势下竞争优势的新要素。服务营销的运用不仅丰富了市场营销的内涵，而且也提高了企业面对市场经济的综合素质。针对企业竞争的新特点，注重产品服务市场细分，服务的差异化、有形化、标准化，以及服务品牌、公关等问题的研究，是当前企业竞争制胜的重要保证。

第二节　整合营销

一、整合营销的内涵

整合营销是指将与企业进行市场营销有关的一切传播活动一元化的过程。整合营销一方面把广告、促销、公关、直销、企业形象、包装、新闻媒体等一切传播活动都涵盖于营销活动的范围之内，另一方面则使企业能够将统一的传播资讯传递给顾客。其中心思想是以通过企业与顾客的沟通满足顾客需要的价值为取向，确定企业统一的营销策略，协调使用各种传播手段，发挥不同传播工具的优势，从而实现企业促销宣传的低成本化。

二、整合营销的步骤

（一）建立消费者资料库

这个方法的起点是建立消费者和潜在消费者的资料库，资料库的内容至少应包括人员整合营销的方法、统计资料、消费者的态度信息和以往购买记录等。整合营销传播是将整个焦点置于消费者、潜在消费者身上，因为所有的厂商、营销组织，无论是在销量还是在利润上的成果，最终都来自消费者的购买行为。

（二）研究消费者

这是第二个重要的步骤，就是要尽可能将消费者及潜在消费者的行为方面的资料作为市场划分的依据，相信消费者"行为"资讯比起其他资料（如"态度与意向"测量结果）更能够清楚地显现消费者未来将会采取什么行动。整合营销传播将消费者分为三类：本品牌的忠诚消费者、其他品牌的忠诚消费者和游离不定的消费者。很明显这三类消费者有着各自不同的"品牌网络"，而想要了解消费者的品牌网络就必须借助消费者行为资讯才行。

（三）接触管理

接触管理就是对企业在何时、何地或何种场合与消费者进行沟通的管理活动。在消费者自己会主动找寻产品信息的年代里，决定"说什么"要比"什么时候与消费者接触"重要。然而，现在的市场由于资讯超载、媒体繁多，干扰的"噪音"增大，营销的重点变为决定"如何、何时与消费者接触"，以及采用"什么样的方式"与消费者接触。

（四）营销目标的确定

这意味着在什么样的接触管理之下，该传播什么样的信息，然后为整合营销传播计划制定明确的营销目标。对大多数的企业来说，营销目标必须非常正确，同时在本质上也必须是数字化的目标。例如，对一个常面临竞争的品牌来说，营销目标就有可能涉及三个方面：激发消费者试用本品牌产品；在消费者使用后积极鼓励其继续使用并增加用量；促使其他品牌的消费者转换品牌并建立起本品牌的忠诚度。

（五）营销工具的创新

营销目标一旦确立，第五步就是决定要用什么营销工具来完成此目标。显而易见，如果我们将产品、价格、渠道都视为是和消费者沟通的要素，整合营销传播企业将拥有多样化营销工具来完成企划，其关键在于哪些工具、哪种工具最能够协助企业达成传播目标。

（六）传播手段的组合

最后一步就是选择有助于达成营销目标的传播手段，这里的传播手段的选择空间可以无限宽广。产品包装、商品展示、店面促销活动，只要能协助达成营销及传播目标的方法都是整合营销传播中的有力手段。

三、整合营销的措施

（一）整合营销的操作思路

1. 整合为中心

着重以消费者为中心并综合利用企业所有资源，实现企业的广泛一体化营销。这既包括企业销售过程、营销方式及营销管理等方面的整合，也包括企业内外的商流、物流及信息流的整合。

2. 讲求系统化管理

整体配置企业所有资源，企业中各层次、部门和岗位，以及总公司、子公司、产品供应商、经销商及相关合作伙伴协调行动，形成竞争优势。

3. 强调协调与统一

企业营销活动的协调性，不仅是企业内部各环节、各部门的协调一致，而且强调企业与外部环境协调一致，共同努力实现整合营销。

4. 注重规模化与现代化

整合营销十分注重企业的规模化与现代化经营。规模化能使企业获得规模化经济效益，为企业有效地实施整合营销提供客观基础。

（二）整合营销的注意点

在实施整合营销的过程中要注意以下四点：

1. 重视协调好营销传播中所有可管理的部分

要将营销传播中的广告、公共关系、人员直销、营业推广等，整合为一个连贯的、统一的整体。重点应放在提高及加强运作效率和外向型传播的传送上，这是所有产品、市场对外传播手段和渠道的整合营销的核心。

2. 企业内部的连贯性和一致性

企业需要对内部的资源进行整合，使企业从以公司为导向转为以客户、消费者和终端用户为导向。为此，企业必须重新建立相应的组织机构，从组织上、管理上保证整合营销的实施。员工是对外传播、品牌形象和服务的关键点，是客户或潜在客户了解品牌、产品及服务的直接通道。除与品牌传播效力、产品、价格渠道、营业推广等主要营销措施紧密配合外，员工服装礼仪、方便实用的用户手册、产品包装、投诉解决程序、询问回应时间、员工对公司的忠诚度等都是客户的接触通道，会直接影响整合营销的效果。如果内部营销传播计划不支持或与外部营销传播计划不相一致，可能会导致 40% 的营销传播费用被浪费。

3. 建立合理的内部信息传递通道和客户管理系统

企业应利用已确立的组织机构和技术能力，建立合理的内部信息传递通道和客户信息管理系统。要保证企业内部信息以最有效的方式传递给客户、潜在客户和其他目标人群，并通过数据库的使用，实现客户和潜在客户有关信息的有效管理。

4. 推动企业的战略决策与财务整合

这主要是解决企业的资源分配、企业合作与联盟问题。

整合营销传播的目标是透过整合传播中每一个环节的讯息，传递企业品牌的统一形象给消费者，从而提升品牌的认知度和影响力，促进消费者的购买行为。因此，整合营销传播的首要问题是通过对企业自身品牌的特性挖掘和顾客的深入研究，确定直接、潜在客户群，对企业品牌进行准确的定位，最终确立品牌形象的核心。这个核心是所有传播工作的"重心"，因为它集中反映企业的价值观和经营理念，所以必须站在战略制高点以统领全局，促进传播目标的达成。围绕着"重心"，所有的营销传播策略要统一内外部力量，致力于将各种营销传播手段一元化，追求"同一重心，同一形象，同一声音，同一画面"。

第三节　网络营销

一、网络营销的概念和市场网络的特点

网络营销是企业营销实践与现代信息通信技术、计算机网络技术相结合的产物，是建立在电子信息技术基础之上、借助于互联网特性来实现一定营销目标的现代营销系统。广义的网络营销指企业利用一切计算机网络进行的营销活动；狭义的网络营销专指互联网网络营销。

网络市场主要有以下方面的特点。

（一）经营范围、时间和场地的无限性

网络技术的发展使市场的范围突破了区域和国界的限制，打破了时空的壁垒，实现了市场全球化。网络市场是虚拟的，采用无实体店铺的经营方式，无论经营多少种商品都不会受到场地的限制。

（二）信息量大、内容丰富、交易快捷

网络虚拟市场的信息载体往往是多媒体，有图片、动画、文字、视频和声音等，声形并茂，不论用户在哪个地区、哪个国家都可以从网上了解各种信息，并按照自己的要求，对价格、质量、性能和购买条件等做出选择，使得生产者和消费者直接沟通，一键成交。

（三）交易虚拟化、标准化、透明化

通过互联网进行交易，市场中双方的洽谈、签约、货款的支付、交货的通知等整个交易过程按统一的标准进行操作，无须面对面进行，都在电

子屏幕上显示，透明程度高，整个交易完全虚拟化。

（四）数字化流程，成本低廉

在网上市场中，发布商品信息是通过网络来进行的，费用低廉，不再需要负担昂贵的宣传、广告等费用。

（五）无纸化交易，电子化支付手段

商务操作的无纸化不仅反映在无纸质的单据和票据上，还反映在支付所使用的电子方式，如用信用卡、电子现金、智能卡、储蓄卡等进行支付。

（六）市场更多样化和个性化

网络市场的功能可以使消费者的个性化需求迅速传递到生产者或经营者那里，实现快速的双向互动和针对每一个消费者的推销，从而使市场更加多样化和个性化。

总之，由传统的实体市场发展到网络虚拟市场是一个质的飞跃，网络市场填补了传统市场的缺憾，这不仅凸显了网络市场的优势，也推进了市场的完整化发展。

二、网络营销的基本流程与内容

网络销售具有跨时空、成本低、环节少、方式新的特点和优点。依构成要素来看，网络营销流程的构成包括：网上市场调研、网络产品、服务与价格、网络推广与促进、网络渠道管理，这些环节一环扣一环，相互影响，相互制约。

三、网络营销业务与策略

（一）网上市场调研

网上市场调研是企业在数字化时代进行市场预测和决策的重要依据。主要包括对消费者、竞争者及整个市场情况的及时报道和准确分析。

网上市场调研的开展一般要经过以下几个步骤：搜索引擎的选择、调研受体的确定、与调研受体的沟通、信息服务的提供、信息的加工应用。

（二）网站策略

网站是指在互联网上，根据一定的规则，使用超文本标记语言或超文本链接标识语言（构成网页文档的主要语言）等工具制作的用于展示特定内容的相关网页的集合。

1.注册网站的域名——树立品牌形象

域名，就是上网单位网站的 IP 名称或地址，目的是让人能够访问到一个网站。IP 是英文 Internet Protocol 的缩写，意思是"网络之间的互联协议"，一个 IP 包含很多个不同域名的网站。在商界，域名已被誉为"企业的网上标志"。

2.精心策划网站结构，充分发挥网上推销的优势

设计的网站要具有艺术性和商业实用性。根据互联网发展的趋势，网站设计是越简单易读、速度越快越好。结构模块应做到内容全面，尽量覆盖用户普遍需要的信息。当然，搜索功能、导购员、购物车、反馈渠道和良好的售后服务是必备的。

3.推广网站

通过吸引媒体，特别是吸引传统媒体对该网站的注意力以达到宣传的

作用，或是通过网络对网站进行推广。

4. 网站的维护

要保持网站的访问量，吸引更多的"回头客"，必须定期更新网站内容，为顾客提供令人满意的服务。

（三）产品策略

网络的发展，使消费者与厂商的直接对话成为可能；消费个性化受到厂商的重视，这使互联网营销的产品呈现出众多新特色。企业在设计新产品时，应从网络营销环境出发，利用网络优势，更好地满足线上顾客的需求。企业通常可以采用以下做法：

第一，建立消费者评议区，与消费者互动，讨论产品、服务的开发与改进。

第二，建立消费者意见区，了解消费者对产品特性、质量、款式、包装和售后服务等的意见与要求。

第三，建立消费者自助区，让顾客畅谈并自行设计理想中的产品、服务，努力提供定制化的产品。

（四）定价策略

网上销售可以使单个消费者同时得到某种产品的多家价格，供消费者比较，这就决定了网上销售的价格弹性较大。因此，企业对在网上销售的产品应该合理定价。定价可以采用的方法主要有以下三种：

第一，开发智慧型议价系统，直接在网上与客户协议价格。

第二，设置自动调价系统，根据供求形势、竞争品价格和季节变动等自动调价。

第三，开通网络会员制，鼓励消费者网上购买。

（五）促销策略

网络促销的出发点是利用网络特征实现与顾客的沟通，这种沟通方式不是传统营销中的"推"的方式，而是"拉"的方式，即"软"营销，这是挖掘潜在顾客的最佳途径。主要消费促销的方式有网络广告、网络公关、网络聊天、结成促销联盟等。

（六）渠道策略

网络营销渠道可分为直接分销渠道和间接分销渠道。网络的直接分销渠道是零级分销渠道；网络的间接分销渠道只有一级，即只有一个信息中介商来实现双方的信息沟通，而不需借助多个批发商和零售商。网络将企业和消费者连接在一起，这不仅简化了传统营销中的多种渠道的构成，而且集售前、售中、售后服务以及商品与顾客资料查询于一体，因此具有很大的优势。利用网络设立虚拟商店橱窗、虚拟经销商和公司，不占空间，二十四小时营业，其低成本、便捷等优势，远非传统营销渠道所能抗衡。

参考文献

[1] 郭元 . 现代市场营销学 [M]. 北京：北京理工大学出版社，2021.

[2] 韩英，李晨溪 . 市场营销学 [M]. 郑州：河南科学技术出版社，2020.

[3] 郝正腾 . 市场营销 [M]. 北京：经济日报出版社，2020.

[4] 马宇博，陈镜宇，杨帆 . 市场营销管理创新途径研究 [M]. 长春：吉林人民出版社，2020.

[5] 邬晓鸥，张旭祥 . 市场营销学概论 [M]. 重庆：西南大学出版社，2021.

[6] 伍应环，刘秀 . 市场营销理论与实务 [M]. 北京：北京理工大学出版社，2019.

[7] 闫杰，杨阳，张永霞 . 现代经济管理与市场营销研究 [M]. 北京：经济日报出版社，2019.

[8] 余爱云，刘列转 . 市场营销理论与实务 [M]. 北京：北京理工大学出版社，2021.

[9] 余雄，王祥 . 市场营销学: 理论及案例 [M]. 昆明: 云南大学出版社，

2018.

[10] 张辉，刘志坚. 市场营销案例新编 [M]. 南昌：江西高校出版社，2018.

[11] 朱捷，陈晓健，邢增东. 市场营销 [M]. 成都：电子科技大学出版社，2020.

[12] 白晓晴，张艺璇. 文旅直播与跨媒介地方的生成 [J]. 南京社会科学，2022（9）：173-180.

[13] 邓秀军、关越. 可供、可见与可接纳：移动短视频用户的旅游意向生成机制 [J]. 现代传播（中国传媒大学学报），2022（12）：136-145.

[14] 胡冬梅，郭淑怡. 抖音短视频在旅游目的地营销中的应用路径研究 [J]. 西部经济管理论坛，2020，31（1）：40-51.

[15] 李坚. 从抖音看短视频对旅游营销的价值 [J]. 太原城市职业技术学院学报，2019（8）：37-38.

[16] 陆春晖. 旅游营销借势短视频引爆新景点 [J]. 商场现代化，2018（23）：38-39.

[17] 马亮、马菊、史晓姣. 领导干部直播带货：驱动因素、关键特征与发展进路 [J]. 兰州大学学报（社会科学版），2021（5）：143-152.

[18] 孙九霞. 文旅新消费的特征与趋势 [J]. 人民论坛，2022（5）：78-81.

[19] 杨博涵，李秀彦."互联网＋"时代视角下旅游微视平台设计研究 [J]. 旅游纵览（下半月），2017（5）：23-24.